Omar A. Athab

Técnicas de implementação de redes activas

Omar A. Athab

Técnicas de implementação de redes activas

ScienciaScripts

Imprint

Cover image: www.ingimage.com

This book is a translation from the original published under ISBN 978-620-2-30128-2.

Publisher:
Sciencia Scripts
is a trademark of
Dodo Books Indian Ocean Ltd. and OmniScriptum S.R.L publishing group

120 High Road, East Finchley, London, N2 9ED, United Kingdom
Str. Armeneasca 28/1, office 1, Chisinau MD-2012, Republic of Moldova, Europe
Managing Directors: Ieva Konstantinova, Victoria Ursu
info@omniscriptum.com

Printed at: see last page
ISBN: 978-620-8-50756-5

Índice

Prefácio

Ao longo do tempo, à medida que a capacidade de computação se torna mais barata, cada vez mais funcionalidades estão a ser implantadas nas redes informáticas, num esforço para fornecer melhores serviços aos utilizadores. Exemplos de tais funcionalidades incluem o suporte para QoS, multicast, mobilidade e segurança. No entanto, essas funcionalidades ainda não existem na maioria das redes.

As redes activas são um passo no sentido de melhorar as estruturas estáticas e inflexíveis das redes actuais. Como parte da tendência geral de investigação, este livro centra-se na conceção e desenvolvimento de tecnologias que permitem a rápida implantação de novas funcionalidades em toda a rede, o que permite aos fornecedores de serviços de rede responderem rapidamente à evolução dos requisitos e acompanharem a rápida evolução das tecnologias de comunicação.

Este livro começa com uma introdução à área em questão e uma descrição dos mecanismos básicos subjacentes às redes activas. É feita uma análise dos sistemas activos existentes e das tecnologias associadas. O núcleo do livro apresenta a conceção e a implementação de uma nova arquitetura de encaminhador ativo que permite a programação flexível da rede com base nos chamados "componentes do utilizador". Este router ativo foi concebido para proporcionar a máxima flexibilidade para o desenvolvimento de futuras funcionalidades e serviços de rede. O seu método de composição de serviços permite uma programação flexível através da integração transparente de componentes do utilizador no percurso de dados do encaminhador.

Capítulo 1

Introdução

1.1 Para uma rede ativa

"As redes activas permitem que um utilizador individual, ou grupos de utilizadores, injectem programas personalizados nos nós da rede. As arquitecturas "activas" permitem um aumento maciço da complexidade e da personalização da computação realizada na rede, por exemplo, que é interposta entre os pontos terminais de comunicação."[1]

A definição anterior representa a "missão" do projeto Active Network da DARPA. Nas redes tradicionais, um nó intermédio executa cálculos estáticos nos pacotes. Todos os pacotes são tratados da mesma forma: os nós apenas encaminham os pacotes para o destino correto [2, 3]. Em vez disso, um nó ativo faz a diferença entre os pacotes. Estes contêm (ou os identificadores ou o código de) programas que têm de ser executados neles [5, 6]. As diferenças entre uma rede tradicional (modelo de *armazenamento e encaminhamento*) e uma rede ativa (modelo *de armazenamento-computação e encaminhamento*) estão representadas na Figura 1.1 e na Figura 1.2, ambas extraídas dos documentos do projeto DARPA [17]. Uma caraterística fundamental desta tecnologia é a capacidade de criar, implantar e gerir rapidamente novos serviços de rede em resposta às necessidades dos utilizadores [7, 8].

Evolução, não revolução... Embora possa parecer, à primeira vista, um passo revolucionário, trata-se apenas de uma evolução natural. Os routers de rede actuais já contêm uma grande variedade de componentes de software para suportar a procura crescente de protocolos e funções [9]. Um router típico, por exemplo, incorpora software para suportar vários protocolos de encaminhamento, firewalls, traduções de endereços de rede, redes privadas virtuais e atribuição dinâmica de endereços, para citar apenas alguns [10, 11]. Este número crescente de funcionalidades torna a configuração e a gestão dos dispositivos de rede cada vez mais complexas [12]. De facto, pode dizer-se que a gestão da configuração se tornou uma forma de programação. Isto ilustra que a "programabilidade" é inevitável. A questão é simplesmente qual é o melhor paradigma para a programação de redes [4].

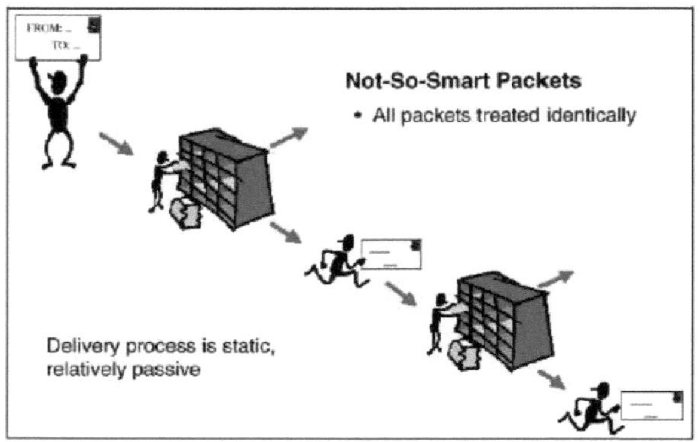

Fig.1.1 ambiente atual de trabalho em rede

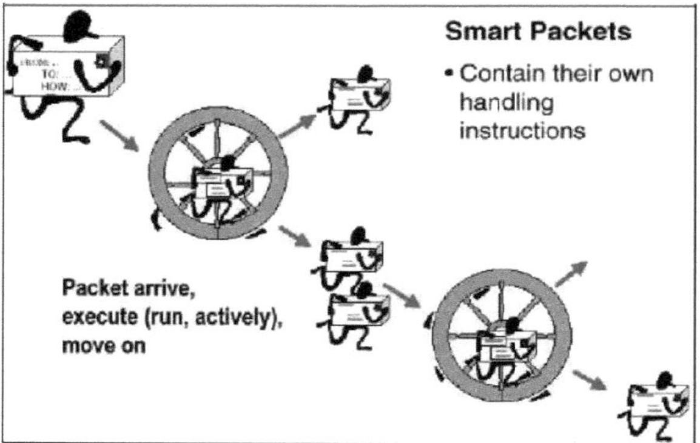

Fig.1.2 ambiente de rede ativo

Do configurável ao programável... Uma caraterística central que distingue os motores programáveis dos configuráveis é o modelo de programação. Enquanto um motor configurável visa estabelecer um conjunto máximo de funcionalidades de alto nível que podem ser programadas (ou configuradas) com uma única ação, um motor programável centra-se na identificação de um conjunto mínimo de primitivos (por exemplo, chamadas de sistema dos sistemas operativos anfitriões) a partir dos quais se pode compor (ou programar) um vasto espetro de funcionalidades [13, 14]. Os motores programáveis oferecem um grau de flexibilidade muito mais elevado, o que os torna o ponto de interesse da maior parte da investigação ativa sobre redes [15].

Como o conseguir?... Foram sugeridos muitos modelos de programação diferentes. Uma abordagem comum é fornecer um motor programável em cada nó intermediário que pode ser programado por pacote [16]. Cada pacote contém, para além da carga útil do utilizador *(dados)*, uma forma de programa ativo *(código)* que é executado em cada nó intermédio à medida que atravessa a rede. Outra abordagem importante consiste em implementar redes activas sem alterar os protocolos extremo-a-extremo (ou seja, o formato dos pacotes). Neste último caso, os programas activos, ou, por outras palavras, qualquer funcionalidade melhorada ou serviços de valor acrescentado, são carregados nos nós activos fora da banda antes da transmissão dos dados. As abordagens das redes activas podem também diferir em vários outros aspectos, como a interface de programação exposta ao programador da rede, o grau de flexibilidade (ou seja, se o código pode ser instalado na via de dados ou apenas na via de controlo), as linguagens de programação ou as políticas de instalação do código e de gestão dos recursos [18].

1.2 Motivação das redes activas

Talvez valha a pena dizer que as redes activas são motivadas tanto pela *pressão dos utilizadores* como pela *pressão da tecnologia.* A alteração dos requisitos da rede (ver secção 1.1) resulta no aparecimento de serviços do lado da rede (por exemplo, caches Web ou de media, firewalls, suporte multicast e proxies móveis). Estes exemplos mostram claramente que o utilizador puxa para a necessidade de serviços que residem dentro da rede ou, por outras palavras, ativa a rede. O desafio da investigação ativa sobre redes é, por conseguinte, integrar elementos de processamento genéricos nas actuais arquitecturas de rede, de modo a que os novos serviços de rede possam ser implementados de modo uniforme [19].

Em comparação, o aparecimento de tecnologias "activas", como o código móvel, é considerado o impulso tecnológico para as redes activas. Estas tecnologias incluem suporte para compilação de código, encapsulamento, transferência e execução ou interpretação segura e eficiente de fragmentos de programas. Atualmente, estas tecnologias são utilizadas por utilizadores finais individuais. O desafio da pesquisa em redes ativas é aproveitar e estender essas tecnologias para uso dentro da rede [19].

1.3 Objectivos do livro

O objetivo principal é obter o seguinte:

❖ Introduzir o conceito de rede ativa como uma solução geral para a maior parte dos problemas que se verificam nas redes actuais.

❖ Proposta de uma nova arquitetura para um sistema de rede ativa, tendo em conta as ferramentas disponíveis.

❖ Implementação de um protótipo de um router ativo como exemplo da arquitetura de nó ativo proposta.

❖ Investigação de novas técnicas de implementação. Em vez de se manter o antigo modelo de camadas em rede, foi introduzido um modelo baseado em componentes. Enfrentar o desafio da técnica de programação in-kemel em vez da abordagem comum do modo de utilizador. Para além de utilizar um SO de código fechado "windows", que raramente é utilizado em implementações de redes in-kemel.

❖ Uma vez que o domínio da AN foi recentemente desenvolvido como uma nova abordagem para a próxima geração de redes, a conceção de ferramentas experimentais é crucial. Quaisquer que sejam os resultados obtidos, este projeto pretende ser um passo em frente na direção de um conjunto de ferramentas experimentais para os futuros investigadores.

Capítulo 2

Noções básicas de redes activas

2.1 Visão geral

No início dos anos 80, os investigadores especulam [20] que, embora a ideia de uma rede programável fosse considerada muito poderosa e original, a falta de mecanismos sofisticados para o código móvel e a segurança impediu a sua aceitação. Também se pode argumentar que ainda não era o momento certo, uma vez que a necessidade de flexibilidade e extensibilidade da rede não era evidente nessa altura.

Em meados da década de 1980, foi introduzida uma forma muito simples de programabilidade da rede para a sinalização de controlo em redes telefónicas comutadas por circuitos. A Rede Inteligente (IN) [21] marcou a primeira tentativa de separar a lógica do serviço (protocolos e serviços de sinalização) do sistema de comutação. O novo sistema incorporou "ganchos" específicos do serviço no percurso de comutação, o que permitiu o processamento especializado das chamadas telefónicas.

Finalmente, em 2001 e 2002, o conceito de redes activas emergiu de discussões no âmbito da comunidade de investigação da DARPA [17] sobre as futuras orientações dos sistemas de ligação em rede. Nos anos seguintes, este novo domínio suscitou um interesse generalizado em grande parte da comunidade das redes. O financiamento contínuo da investigação sobre redes activas pela DARPA a partir de 2002 teve um impacto significativo no desenvolvimento da nova comunidade.

2.2 Programabilidade das redes

A programabilidade é um termo muito genérico que permite muitas interpretações e abordagens diferentes. Do mesmo modo, a programabilidade da rede tem várias facetas. Já engloba três abordagens fundamentais, nomeadamente as redes activas (RNA), as redes inteligentes

Redes (INs) e Sinalização Aberta (Opensig).

2.2.1 Redes activas

Ao fornecer uma interface programável nos nós da rede, as redes activas expõem os recursos, mecanismos e políticas subjacentes a esta funcionalidade acrescida e fornecem mecanismos para construir ou aperfeiçoar novos serviços a partir desses elementos. Em suma, as redes activas permitem a modificação dinâmica do comportamento da rede tal como é visto pelo utilizador [5].

Em vez de definir o modo como os nós trabalham em conjunto para fornecer o serviço de rede (por exemplo, através da entrega de datagramas de melhor esforço), a rede ativa descreve ranhuras funcionais que devem ser instanciadas para fornecer um determinado serviço de rede. Estas ranhuras criam um novo grau de liberdade nas arquitecturas de rede, o que, por sua vez, abre a oportunidade de acelerar a evolução da rede e, assim, acomodar novos tipos de rede, algoritmos e aplicações [5].

Permite que os utilizadores (por exemplo, administradores de rede, utilizadores privilegiados ou mesmo utilizadores finais) modifiquem dinamicamente o comportamento da rede e introduzam novas funcionalidades na rede. O âmbito da programabilidade da rede varia da programabilidade do plano de controlo à programabilidade do plano de dados e estende-se de formas muito limitadas a formas altamente flexíveis (dependendo da interface de programação) [4]. A Figura 2.1 dá uma visão simples do efeito da programabilidade ativa da rede.

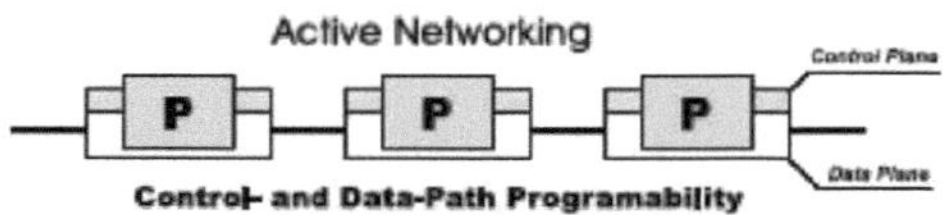

Fig 2.1 programabilidade em redes activas

Mais do que noutras áreas das redes programáveis, as redes activas realçam a necessidade de código móvel e de mecanismos de carregamento dinâmicos para alcançar a programabilidade em tempo real. Por conseguinte, as abordagens actuais das redes activas têm de equilibrar os compromissos entre flexibilidade, segurança e desempenho [4].

2.2.2 Redes inteligentes

Como mostra a figura 2.2, nas redes inteligentes, o sistema de sinalização n.º 7 (SS7) é utilizado para incorporar "ganchos" específicos do serviço no percurso de comutação, de modo a que o processamento melhorado de uma chamada telefónica possa ser transferido para um ponto de controlo do serviço (SCP) fora da estrutura de comutação. Os SCP fornecem uma funcionalidade específica, por exemplo, um serviço melhorado (como chamadas em conferência, taxa de chamada local ou números gratuitos) [22, 23].

O fornecimento de um mecanismo de extensão flexível (ou seja, uma interface de programação) para acelerar a implantação de novos serviços de rede é o principal objetivo das redes inteligentes (RNI). É semelhante aos objectivos das redes activas. O que difere é sobretudo o domínio-alvo. Mas as redes inteligentes centram-se na introdução de serviços de valor acrescentado, para além da telefonia básica, na rede pública comutada de telecomunicações (PSTN), e não nas redes de dados gerais. Além disso, nas redes inteligentes, a flexibilidade só é proporcionada na via de controlo (e não nas vias de controlo e de dados, como nas redes activas) [19,23].

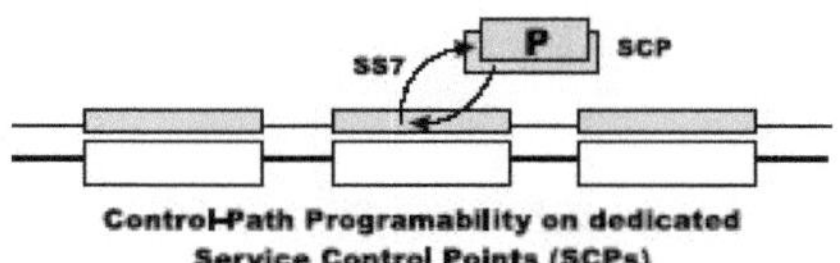

Fig 2.2 Programabilidade em redes inteligentes

2.2.3 Sinalização aberta

A ideia subjacente à sinalização aberta é definir uma abstração do dispositivo de rede físico, de modo a proporcionar uma interface independente do comutador entre o controlador do comutador e o tecido do comutador (ver figura 2.3). Esta separação entre o hardware da rede e os algoritmos de controlo é designada por virtualização. A abstração de um comutador virtual e a exposição de interfaces de programação permitem que os programadores de software de terceiros criem arquitecturas de controlo especializadas ou personalizadas, ao mesmo tempo que os fornecedores de comutadores melhoram as suas capacidades de comutação [24].

O P.1520 [5,19] é um esforço contínuo da comunidade IEEE para fornecer um modelo de referência para a sinalização aberta. O modelo identifica as camadas-chave do espaço de conceção da rede e ilustra o processo de virtualização. Ele define interfaces claras entre as várias camadas funcionais.

Existem outras pesquisas famosas neste tipo de programação de rede, como o kernel xbind [25] e a estrutura Tempest [26].

Ao contrário da rede inteligente, a sinalização aberta não está ligada a um domínio de serviço específico, como a telefonia. O objetivo é suportar uma interface de programação genérica para comutadores de rede. Mas as limitações da sinalização aberta são evidentes: a flexibilidade é restrita ao plano de controlo e orientada apenas para as redes de dados comutadas por circuitos. Além disso, a sinalização aberta não prevê que as implementações de controlo sejam carregadas num comutador (ou removidas) de uma forma altamente dinâmica. Finalmente, os mecanismos de sinalização aberta suportam o controlo do comutador apenas na granularidade da ligação e não dos pacotes [5, 19].

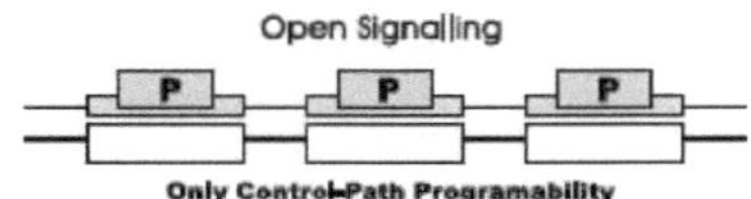

Fig 2.3 programabilidade em sinalização aberta

2.3 Fundamentos da rede ativa

Embora a definição de rede ativa seja discutível, a comunidade de investigação financiada pela DARPA acordou em vários princípios e objectivos fundamentais para as redes activas [27]:

Fornecimento de API de rede: Uma rede ativa deve expor alguma forma de interface de programação de aplicações (API), designada por API *da rede*, a um grupo de ou a todos os utilizadores da rede (por exemplo, administradores, fornecedores de serviços e/ou utilizadores finais). A API da rede permite que os utilizadores "programem" a rede ou nós individuais numa rede em funcionamento, a fim de alcançar um ou todos os seguintes objectivos: implantação de novos serviços, introdução de funcionalidades alargadas nos nós da rede, personalização de serviços para diferentes aplicações e experimentação de novos serviços.

Computação não significa objetivo: A função principal da rede ativa continua a ser a comunicação e não a computação.

O pacote permanece: A unidade de dados central na computação de rede ativa é o pacote de rede.

Evolução prevista da tecnologia subjacente: Os pressupostos sobre a tecnologia subjacente de encaminhamento de pacotes devem ser minimizados, uma vez que os nós activos podem estar interligados por uma variedade de serviços que evoluem ao longo do tempo.

Administração de nós independentes: Os nós activos devem ser considerados como unidades de administração independentes e não como unidades controladas por uma administração comum. A divisão da administração resulta na necessidade de relações de confiança explícitas entre unidades individuais.

Escalabilidade considerada: A arquitetura da rede ativa deve ter em conta as questões de escalabilidade e prever redes activas globais de grande dimensão.

Estar atento à robustez e à segurança: Devem ser previstos mecanismos a nível dos nós e da rede para garantir a segurança e a robustez da rede ativa.

2.4 Redes activas e OSI

Normalmente, a comunicação em rede é expressa em termos das abstracções em camadas do modelo de referência OSI [28]. A camada de rede (camada 3) permite a transmissão de pacotes de dados entre sistemas finais. Oculta a complexidade da rede de nível inferior (ou seja, os protocolos de dados da camada de ligação e a transmissão física dos dados) da camada de transporte (camada 4) e superiores.

O nível de computação desejado num nó ativo da rede varia muito de uma aplicação ativa para outra. Por conseguinte, todas as camadas OSI acima da camada de ligação devem ser acessíveis aos processos activos. A figura 2.4 ilustra o modo como a diferença entre nós de rede tradicionais (ou seja, nós finais e encaminhadores) e nós activos se pode refletir no modelo OSI. As áreas marcadas indicam as camadas OSI compreendidas pelo processamento ativo nos encaminhadores e nós terminais [29].

Como mostra a figura, as arquitecturas de rede activas devem ser concebidas de *forma vertical*, pelo que o subsistema de rede (pilha de protocolos) acima da camada de ligação é colapsado num único subsistema. O principal objetivo do modelo de camadas OSI neste contexto é, por conseguinte, exprimir a semântica da computação ativa nas várias camadas, em vez de orientar a implementação de um nó ativo [29].

Nos sistemas terminais activos, o tráfego de dados é também normalmente processado pela pilha de protocolos convencional, a fim de proporcionar a funcionalidade de ponto final para as comunicações em rede [29].

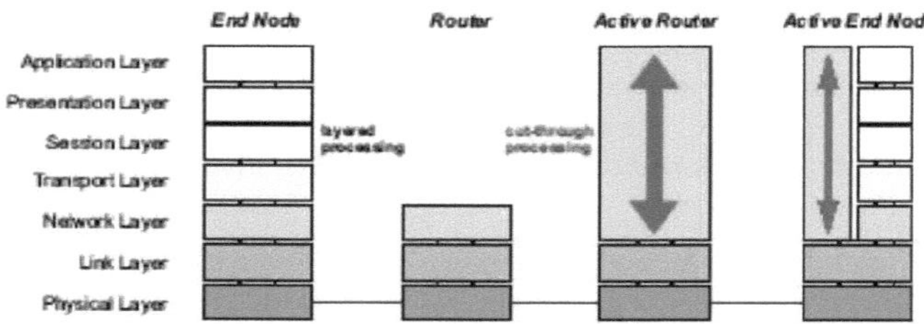

Fig 2.4 how active router and end nodes fit in the OSI reference model

2.5 Arquitetura de nós activos

A arquitetura do nó da rede ativa está documentada num projeto de um grupo de trabalho denominado "Architectural Framework for Active Networks" [27]. A figura 2.5 mostra a arquitetura geral prevista para um nó de rede ativa. Define os componentes fundamentais de um nó ativo e o modo como interoperam.

A funcionalidade está dividida no sistema operativo ativo do nó (NodeOS) e nos ambientes de execução (EEs). Enquanto o NodeOS gere e controla o acesso aos recursos locais do nó e às configurações do sistema, os EEs implementam as APIs de rede activas suportadas pelo nó.

Embora este quadro arquitetónico considere apenas a abordagem integrada (não visa a abordagem discreta), é considerado por muitos como uma norma de facto. A razão mais provável para este equívoco é o facto de o ANWG, financiado pela DARPA, que sempre se concentrou na abordagem de pacotes activos para redes activas, ter sido o único grupo de trabalho formal nesta área.

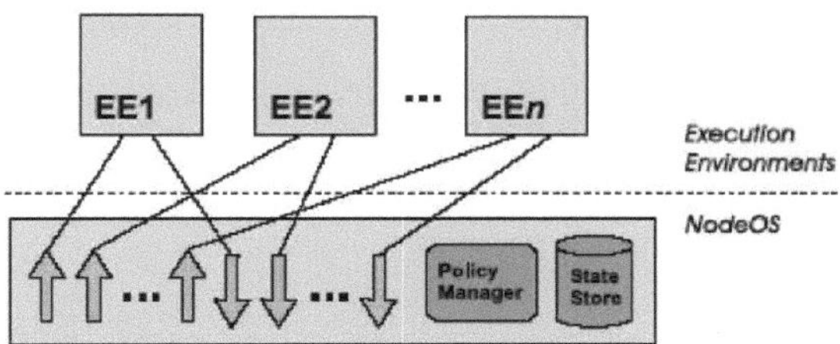

Fig 2.5 Arquitetura do nó ativo de acordo com o ANWG

2.5.1 NodeOS ativo [30]

O fornecimento de um conjunto básico de abstracções para as EEs implementarem uma interface de programação de rede ativa é da responsabilidade do NodeOS ativo. Estas abstracções incluem principalmente o suporte de canais de comunicação internos (necessários para a passagem de pacotes entre componentes internos), o acesso controlado a recursos locais do nó e o suporte de serviços comuns (por exemplo, policiamento de segurança e encaminhamento). Além disso, o NodeOS gere os recursos físicos (ou seja, processador, largura de banda da rede, memória, etc.) do nó ativo.

Foram definidos dois tipos de canais de comunicação interna: ancorados e de passagem. Os canais ancorados são utilizados para transferir pacotes entre a EE e a interface de comunicação subjacente. Os canais de passagem, por comparação, são utilizados para pacotes encaminhados através do nó ativo sem serem processados por uma EE.

Os canais são criados durante a inicialização de EEs, especificando um conjunto de atributos. Estes atributos incluem os módulos que definem o comportamento do canal, bem como outras propriedades, tais como endereços, direção dos fluxos de pacotes, MTU e requisitos de QoS. Para além dos atributos do canal, o EE precisa de especificar o(s) filtro(s) de pacotes para o classificador.

Uma tarefa importante do NodeOS é programar os canais de comunicação e as EEs para execução. A decisão de programação depende tanto dos requisitos computacionais dos canais e das EEs correspondentes, como dos requisitos de largura de banda dos canais. O NodeOS também aplica uma base de dados de políticas de segurança e um motor de aplicação, que executa políticas de modo que regem a utilização de recursos. Por último, o NodeOS fornece também abstracções genéricas que podem ser úteis a todas as EE, como as tabelas de encaminhamento.

2.5.2 Ambientes de execução [27]

Quando um pacote ativo chega ao nó, um classificador de pacotes identifica a EE correspondente e entrega o pacote de dados à EE apropriada para execução. Normalmente, os ambientes de execução fornecem serviços computacionais (por exemplo, uma máquina virtual ou um interpretador de código) para os pacotes activos. Com base no código ativo incluído nos pacotes activos, os utilizadores podem controlar ou programar o nó ativo e o seu comportamento de encaminhamento.

No entanto, a execução das instruções do código ativo alterará normalmente um ou mais dos seguintes elementos: o conteúdo do pacote, o estado interno do EE e/ou o funcionamento do nó ativo. A função do código ativo não é definida pela arquitetura e, por conseguinte, depende inteiramente do fornecedor do EE e do criador do programa ativo. Após a conclusão da execução do código ativo, o EE reencaminha o pacote (alterado), envia uma ou várias cópias do pacote ou simplesmente deixa cair o pacote.

Para que os utilizadores da rede possam utilizar uma EE para o fornecimento de serviços activos, devem obter o guia de programação (ou seja, a especificação) da EE. Por conseguinte, os EE exigem documentação publicamente disponível sobre a forma de programar nós activos (ou seja, a especificação da interface de programação exposta pelo EE) e uma descrição do filtro de pacotes (por exemplo, o identificador de pacotes ANEP) que deve ser incluído nos pacotes activos quando se dirigem ao EE.

A arquitetura do nó ativo da DARPA não inclui mecanismos para a integração dinâmica de EEs num nó ativo. Cabe à implementação do NodeOS decidir se tais mecanismos são ou não suportados.

Considera-se que as EEs, de acordo com a arquitetura do nó ativo da DARPA, são totalmente independentes umas das outras e, por conseguinte, não suportam qualquer forma de comunicação e funcionamento entre EEs para além da interface de comunicação predefinida (ou seja, canais de pacotes).

2.6 Protocolo e interface especiais de AN

Esta secção apresenta um projeto de protocolo e de interface proposto pela comunidade de investigação de redes activas para fornecer uma norma para arquitecturas de redes activas. Note-se que todos os protocolos e interfaces apresentados nesta secção (e nos outros) são ainda projectos de documentos, com uma considerável investigação em curso a tentar identificar o conjunto essencial de serviços e rotinas necessários para finalizar estas propostas como normas oficiais.

2.6.1 Protocolo de encapsulamento de rede ativo

O documento ANEP [31] especifica um mecanismo de encapsulamento de quadros de rede ativa para transmissão através de diferentes meios. O formato sugerido permite a utilização de uma infraestrutura de rede existente (como o IP [1] ou o IPv6 [32]) ou a transmissão através da camada de ligação. A fim de apoiar a investigação em curso, o mecanismo proposto é tão genérico e extensível quanto possível. Este mecanismo permite a coexistência de diferentes ambientes de execução e a desmultiplexação correta dos pacotes recebidos.

Um nó de rede ativo é capaz de carregar e executar dinamicamente programas, escritos numa variedade de linguagens. Estes programas são transportados na carga útil de uma estrutura de rede ativa. O programa é executado por um nó recetor no ambiente especificado pela ANEP. Várias opções podem ser especificadas no cabeçalho ANEP, como autenticação, confidencialidade ou integridade.

Este documento descreve a sintaxe e a semântica da ANEP. Os pormenores do tratamento do conteúdo de um quadro ativo são deixados ao critério das implementações/ambientes individuais. As razões pelas quais é necessário um cabeçalho de rede ativo são

a) Um nó ativo que receba um pacote deve ser capaz de determinar de forma única e rápida o ambiente em que este se destina a ser avaliado

b) Para permitir o processamento mínimo e por defeito de pacotes para os quais o ambiente de avaliação pretendido não está disponível.

2.6.1.1 Formato do pacote

O formato do cabeçalho ANEP é:

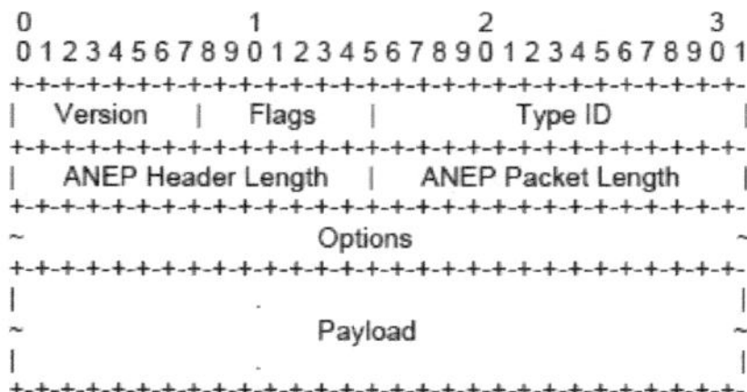

A versão descrita por este documento é 1. Apenas é utilizado o bit mais significativo do campo Flags. Se o seu valor for 0, o nó pode tentar reencaminhar o pacote utilizando o mecanismo de encaminhamento por defeito (se estiver a ser utilizado), se a informação necessária estiver disponível na parte Options do cabeçalho. Se o valor for 1, o nó deve descartar o pacote. O campo ANEP Header Length especifica o comprimento do cabeçalho ANEP em palavras de 32 bits.

O campo Type ID indica o ambiente de avaliação da mensagem. O nó ativo deve avaliar o pacote no ambiente adequado. A autoridade adequada para atribuir valores de ID de tipo às partes interessadas é a ANANA (Active Networks Assigned Numbers Authority). Se o valor contido neste campo não for reconhecido, o nó deve verificar o valor do bit mais significativo do campo Flags para decidir como tratar o pacote.

O campo ANEP Packet Length especifica o comprimento de todo o pacote, incluindo a carga útil do pacote, em octetos. Este campo é utilizado para recuperar o pacote se este tiver sido transmitido através de uma camada inferior que não permita a recuperação do comprimento do pacote.

2.6.1.2 Opções

O ANEP também pode conter campo(s) de opção. Algumas opções são identificadas pelo documento ANEP [31] e as outras são deixadas à responsabilidade do implementador.

Duas destas opções são utilizadas para identificar de forma única o remetente ou o destino do pacote na rede. A identificação única do remetente pode ser útil, por exemplo, para encaminhar o fluxo de uma fonte específica para a EE apropriada. Por outro lado, se o nó ativo atual não puder reconhecer o campo de identificação do tipo, pode utilizar a opção de identificação do destino para determinar o nó que pode reconhecer e implementar a rotina necessária. O código de soma de controlo é outra opção definida. Ele contém o código CRC de 16 bits de todo o pacote ANEP. A quarta opção identificada é reservada para efeitos de autenticação.

2.6.2 Interface do NodeOS

O grupo de trabalho sobre redes activas tentou identificar uma interface "comum" entre o NodeOS e as EE, a fim de promover a implantação generalizada de redes activas. Estes estudos conduziram à especificação de uma interface "normalizada" do NodeOS [30]. A especificação da interface é influenciada pelos seguintes princípios de conceção subjacentes:

. - De acordo com os princípios da rede ativa, a interface é optimizada para o encaminhamento de pacotes e não para a computação arbitrária.

. - A funcionalidade e os mecanismos necessários para a interface do nó ativo que não são particularmente exclusivos das redes activas são emprestados de uma interface estabelecida. A especificação da interface foi, portanto, concebida em conformidade com o POSIX.

. - A interface comum deve ser mínima, mas extensível para além do ponto fixo através da inclusão de funcionalidades especiais fornecidas pelo sistema e hardware subjacentes.

Recentemente, a especificação do NodeOS encontra-se em fase de projeto. Vários projectos estão a desenvolver implementações que se destinam a orientar a evolução da especificação final e, eventualmente, a estar em conformidade com ela.

2.7 Abordagens de rede activas

Desde os primórdios da investigação sobre redes activas, em 2002, o campo dividiu-se em duas evoluções diferentes no sentido da programabilidade da rede, nomeadamente a abordagem de pacotes activos e a abordagem de extensão ativa.

2.7.1 Abordagem de pacotes activos

Na abordagem por pacotes activos, os pacotes de dados tradicionais são substituídos pelas chamadas cápsulas activas que transportam (para além da carga de dados) as instruções de processamento (programas activos) a executar em seu nome. O programa é processado por todos os nós da rede ao longo do seu trajeto de transmissão. Como resultado do processamento ativo, a carga útil do pacote, o comportamento de encaminhamento (por exemplo, programação ou encaminhamento de pacotes) ou o estado do nó de avaliação podem mudar. Uma vez concluída a execução do pacote e encaminhado para o próximo salto, o processo ativo no nó termina e os recursos do processo ativo (ou seja, memória, CPU, largura de banda) podem ser libertados. Uma vez que o código ativo é distribuído em banda com o tráfego de dados e executado à medida que os pacotes de código individuais passam pelo nó, esta abordagem é também designada por abordagem integrada ou abordagem em banda [33].

2.7.2 Abordagem das Extensões Activas

A segunda abordagem permite a programabilidade da rede com base nas chamadas *extensões activas.* As extensões activas são programas activos que são carregados e instalados dinamicamente nos nós da rede para modificar o comportamento desse nó ou, por outras palavras, para melhorar a funcionalidade do nó.

O mecanismo de processamento dos pacotes de dados que passam por um nó está aqui arquitetonicamente separado da tarefa de injeção de programas activos num nó. Os utilizadores (ou programadores) da rede ativa devem primeiro injetar os seus programas nos dispositivos de rede antes de os fluxos de dados poderem beneficiar da funcionalidade alargada. Quando executadas num nó, as extensões activas fornecem serviços alargados aos fluxos de dados que passam pelo nó e por outras extensões activas. Geralmente, têm um impacto a longo prazo que excede em muito o tempo de vida de um pacote. Como as extensões activas não estão ligadas a um determinado fluxo de dados (ou seja, são carregadas fora de banda), podem potencialmente ser aplicadas a vários ou a todos os fluxos de dados. Isto permite que as extensões activas enriqueçam a funcionalidade de uma forma transparente. Devido à distribuição fora de banda do código ativo e à separação das extensões activas do pacote de dados, esta abordagem é também designada por abordagem discreta ou abordagem fora de banda [33].

Consequentemente, o formato do pacote e os mecanismos de transmissão para os fluxos de dados reais permanecem tipicamente os mesmos; não é necessária qualquer alteração do tipo de pacote ou do cabeçalho. Os programas activos envolvidos no processamento de um pacote de dados são normalmente determinados através da classificação do pacote (com base no conteúdo do pacote - cabeçalhos e carga útil) [33].

2.8 Codificação do código móvel

Os esquemas de codificação de programas que têm sido utilizados na literatura sobre redes activas nos últimos anos são aqui descritos.

2.8.1 Código fonte

A distribuição dos programas activos, nesta abordagem, é feita sob a forma de código fonte. Os nós activos utilizam um compilador just-in-time para a compilação "on-the-fly" dos programas activos que chegam a um nó. Consequentemente, para as abordagens de redes activas discretas, em que os programas activos são carregados apenas uma vez no início, o atraso causado pela compilação em tempo real do código-fonte ativo é menos crítico. No entanto, a codificação do código-fonte não é adequada para abordagens baseadas em pacotes activos, porque a latência adicional resultante da compilação do código-fonte ocorreria por pacote. A linguagem de programação recentemente desenvolvida, C [34], é um exemplo de um compilador on-the-fly seguro.

2.8.2 Código binário

Nesta abordagem, o programa é compilado em código binário dependente da plataforma e depois transferido para o nó ativo da rede para ser diretamente executado pelo processador da máquina de destino. Uma vez que os programas binários ou de máquina "correm" diretamente no hardware subjacente, são necessários mecanismos sofisticados de segurança e/ou proteção para proteger os nós activos de programas activos maliciosos.

Por exemplo, um mecanismo chamado isolamento de falhas baseado em software (SFI) impõe um conjunto de regras para as instruções (por exemplo, restrições sobre a forma como a aritmética de endereços é efectuada) que são utilizadas para definir uma "caixa de areia" dentro da qual um programa pode fazer qualquer coisa, mas não pode escapar [35].

2.8.3 Código intermédio

A linguagem de programação intermédia mais utilizada nas redes activas é Java [36]. Outro exemplo é o derivado de ML Caml [37] utilizado no projeto SwitchWare (será descrito na secção 2.9.2).

Uma vez que o código intermédio foi concebido principalmente como uma representação de código independente da plataforma, é especialmente adequado para programas móveis. O código intermédio, também designado por bytecode, é produzido através da compilação de programas. O código móvel é "interpretado" por uma máquina virtual específica de bytecode na máquina de destino onde o código é executado. Consequentemente, a segurança dos sistemas de código intermédio depende inteiramente da interpretação segura do bytecode por uma máquina virtual fiável [38].

Uma vez que a máquina virtual ainda tem de mapear o bytecode para o código da máquina em tempo de execução, o desempenho da interpretação do código intermédio continua a ser consideravelmente mais lento do que a execução do código binário. No entanto, a interpretação do código intermédio é normalmente muito mais rápida do que a do código interpretado, porque o bytecode já está altamente optimizado para uma interpretação rápida através de uma máquina virtual específica da plataforma [38].

2.8.4 Código interpretado

Esta categoria de codificação de programas activos engloba todas as linguagens de programação interpretadas que são utilizadas para a programabilidade ativa, como o Safe-Tcl [39] ou o NetScript [40,41].

As linguagens de programação interpretadas têm a vantagem de facilitar o processamento seguro do código móvel. Uma vez que o código tem de ser interpretado (ou seja, não pode ser executado fora do intérprete), a segurança é apenas uma questão de o intérprete ser seguro. Outro objetivo fundamental do código interpretado é a independência da plataforma. A representação do código de alto nível é totalmente independente de quaisquer especificidades da plataforma e, por conseguinte, é apenas uma questão de portar os intérpretes para uma plataforma específica, a fim de alcançar a independência da plataforma.

A principal desvantagem do código interpretado é o custo de processamento envolvido na interpretação do código (que normalmente é significativamente mais elevado do que o custo de execução do código binário). Uma desvantagem secundária desta codificação de programas no contexto das redes activas é a dimensão da representação do código. O código-fonte tem normalmente uma dimensão significativamente maior do que, por exemplo, o código binário. No entanto, o tamanho do código do código interpretado pode ser largamente reduzido através da compressão do código, à custa de processamento adicional.

Capítulo 3

Conceção de redes activas

3.1 Visão geral

Nos capítulos 2 e 3 foram descritas várias soluções de redes activas. Estas soluções revelaram que a realização efectiva de uma arquitetura de rede ativa não era trivial. No entanto, a maioria delas está muito adaptada a um domínio de aplicação específico.

O desenvolvimento de uma plataforma de rede ativa mais genérica exige, por conseguinte, uma análise mais ampla e aprofundada dos requisitos. Por conseguinte, a secção 3.2 analisa os requisitos para o desenvolvimento da arquitetura do encaminhador ativo (AR). Este capítulo do trabalho introduz, sobretudo, a conceção da arquitetura de encaminhador ativo proposta. Este capítulo sobre a conceção e os capítulos subsequentes sobre a realização e a avaliação contêm, portanto, as principais contribuições deste livro.

Após os requisitos, a estrutura do resto deste capítulo é a seguinte: a secção 3.3 dá uma ideia simples dos caminhos e cenários previstos que o projeto pode tomar. Os mecanismos de interceção de pacotes de rede disponíveis no sistema operativo Windows são enumerados na secção 3.4. A secção 3.5 resume as caraterísticas do projeto e as razões subjacentes à escolha dessas especificações, precedidas de uma breve descrição geral do projeto do RA proposto (secção 3.6). A secção 3.7 apresenta a descrição do hardware da AN prevista que beneficiará da funcionalidade do RA. O distribuidor de componentes e o manipulador de pacotes são explicados nas secções 3.8 e 3.9, respetivamente. Ambos representam o núcleo do projeto. Uma melhoria útil do protocolo ANEP original é apresentada na secção 3.10. A secção 3.11 continua com uma descrição exaustiva dos modos de funcionamento da nossa AN. Finalmente, na secção 3.12, é feita uma comparação entre a AR proposta e a arquitetura da DARPA.

3.2 Requisitos

Os requisitos mais comuns de uma rede ativa já foram mencionados (implicitamente) nos Capítulos 2 e 3. Tornou-se evidente que a investigação sobre redes activas lida em grande medida com soluções de compromisso. Por exemplo, muitos dos sistemas activos apresentados no capítulo 2 trocam a segurança do sistema pelo desempenho ou a flexibilidade pela simplicidade. O desafio na conceção de soluções de redes activas é, pois, traçar a linha óptima entre as soluções de compromisso em função dos requisitos em causa. Para tal, é crucial compreender plenamente os requisitos de um determinado domínio (por exemplo, um encaminhador ativo concebido para redes de núcleo tem requisitos de desempenho totalmente diferentes dos de um encaminhador de extremo).

A presente secção aborda os requisitos das redes activas em geral. A investigação relevante em matéria de redes activas (introduzida anteriormente nos capítulos 2 e 3) será citada quando adequado, a fim de mostrar como esses requisitos são tratados por outros.

3.2.1 Programabilidade

O principal requisito de uma rede ativa é, por definição, a capacidade de programação. Para se qualificarem como redes activas, os nós da rede necessitam, pelo menos, de alguma forma de interface de programação que permita aos utilizadores controlar ou programar remotamente a rede (ou seja, comportamento de encaminhamento, operação de gestão, etc.). A programabilidade da rede, tal como sugerida pelas redes activas, exige mecanismos para descarregar dinamicamente, autorizar com segurança e avaliar com segurança o código móvel nos nós da rede.

3.2.2 Flexibilidade

A flexibilidade é, tal como a programabilidade, uma propriedade fundamental das redes activas. Os requisitos de flexibilidade e programabilidade estão intimamente relacionados. De facto, a escolha do modelo de programação determina, em certa medida, a flexibilidade de um sistema. As abordagens de redes activas que escolhem uma elevada flexibilidade como requisito fundamental tentam normalmente fornecer um ambiente de programação de uso geral. Os projectos que se concentram num domínio de aplicação específico (por exemplo, os Smart Packets, na secção 2.9.1, apenas suportam operações de gestão da rede) restringem normalmente a flexibilidade do ambiente de programação para simplificar os procedimentos de segurança e proteção.

3.2.3 Segurança

A segurança nas redes activas diz respeito principalmente à fiabilidade dos nós activos. Garante que o código ativo carregado num nó ativo é executado em segurança, sem provocar o mau funcionamento do sistema. A segurança e a fiabilidade dos nós activos da rede são particularmente importantes, dado que as consequências de uma falha do sistema podem ser de grande alcance - para além do âmbito do utilizador ou do programa ativo que causou o problema.

De facto, um comportamento errado num dispositivo de rede partilhado pode prejudicar muitos utilizadores ou fazer cair todo o nó da rede. Como os utilizadores da rede normalmente não toleram a degradação da fiabilidade do serviço com o advento de novas tecnologias, a segurança é outro requisito vital para as redes activas.

3.2.4 Segurança

O recente aparecimento de mecanismos de segurança a nível da rede e do transporte, como o IPSec e o SSL, é uma indicação da importância da segurança nas redes actuais. O facto de os nós activos da rede exporem alguma forma de interface de programação, que permite aos utilizadores remotos personalizarem o percurso de processamento dos pacotes, exige mecanismos de segurança fortes. Os administradores de uma rede ativa devem poder controlar de forma segura quem pode programar os nós activos e em que medida (por exemplo, a que interfaces de programação ou configurações de nós o código ativo fornecido pelo utilizador pode aceder e quantos recursos estes programas podem consumir).

3.2.5 Desempenho adequado

O desempenho é um requisito importante nas redes. Isto é igualmente verdade para as redes activas. Para proporcionar um desempenho "adequado", é importante ter em conta a rede (ou segmento de rede) de interesse. Por exemplo, um simples encaminhador ativo que executa um ambiente de execução baseado em Java no espaço do utilizador não é aceitável para redes de base, em que têm de ser processados débitos de até muitos Gigabits por segundo. No entanto, a mesma solução pode ser perfeitamente aceitável como um dispositivo programável numa rede periférica de pequena ou média dimensão.

3.2.6 Fácil utilização

A usabilidade das redes activas pode ser vista na perspetiva dos utilizadores finais, que são os verdadeiros beneficiários da rede ativa, ou dos programadores que desenvolvem os programas activos. Para que a RA seja um êxito, é evidente que a programação (ou seja, o carregamento e a instanciação do código) dos dispositivos de rede deve estar oculta ao utilizador final. Os utilizadores finais não devem ter de lidar com estas particularidades; em vez disso, as aplicações devem encarregar-se de instalar e configurar os serviços activos. Do ponto de vista da facilidade de utilização, a abordagem discreta da programabilidade ativa tem a vantagem de os serviços activos poderem ser carregados e iniciados através de aplicações externas, ao passo que as soluções integradas dependem do apoio intrínseco das aplicações do utilizador.

Do ponto de vista de um programador, a usabilidade de uma arquitetura de rede ativa é definida pelas capacidades de programação e pela facilidade de utilização. Esta depende em grande medida da linguagem de programação, das API e das bibliotecas de apoio, do ambiente de execução (espaço do utilizador ou do kernel) e dos meios de depuração e de ensaio disponíveis. Em resumo, a facilidade de utilização da arquitetura de rede ativa, tanto do ponto de vista do utilizador final como do programador, é outro requisito de conceção importante.

3.2.7 Capacidade de gestão suficiente

As soluções de rede ativa foram demonstradas com êxito como facilitadoras das aplicações de gestão da rede. Uma delas (SmartPacket) foi mencionada anteriormente na secção 2.9.1.

No entanto, uma rede ativa exige, por si só, uma quantidade substancial de gestão e administração. De facto, a passagem das redes passivas para as redes activas acarreta muitas novas obrigações administrativas que têm de ser suficientemente abordadas para que esta tecnologia seja um êxito.

medida que as redes activas ultrapassam os limites dos laboratórios de investigação individuais, a questão da gestão global (em vários domínios administrativos) deve também ser abordada. Devem ser considerados mecanismos para agregar os utilizadores em grupos de utilizadores (por exemplo, administradores de rede, utilizadores privilegiados, todos os utilizadores ou utilizadores não autorizados) e associar políticas a grupos de utilizadores, a fim de reduzir a sobrecarga de gestão das redes activas.

3.3 Cenários de projectos

Esta secção visa clarificar a visão dos investigadores da AN e o seu pensamento na transferência das actuais redes informáticas tradicionais para o ambiente esperado da AN. A ligação entre o atual e o que os investigadores desejam alcançar também é descrita.

Suponhamos que uma rede informática (ou uma amostra da Internet) é constituída por um grupo de LANs ligadas entre si através de um ou mais routers tradicionais. Os sistemas finais (ESs) de cada LAN comunicam entre si utilizando uma determinada topologia. O objetivo é alterar ou melhorar esta rede informática tradicional para que funcione como uma rede informática ativa (RNA). Mais concretamente, exige-se que o(s) encaminhador(es) tradicional(ais) existente(s) se comporte(m) como encaminhador ativo (AR). Consequentemente, os ES tradicionais devem ser desenvolvidos de modo a poderem beneficiar das capacidades da RA.

A razão por detrás do desvio para a tecnologia AN e os prováveis lucros que podem ser obtidos ao seguir esta direção foram claramente discutidos no capítulo 1. A implementação de novos protocolos e a adição de funções de valor acrescentado podem ser as aplicações mais famosas desta tecnologia.

Para concretizar o pressuposto acima referido, a principal questão que se coloca é como obter uma RA? A solução pode ser simples: ou se concebe um novo dispositivo global (hardware e software) ou se modifica o atual. A segunda opção pode parecer a mais fácil. No entanto, os routers convencionais são normalmente sistemas comerciais fechados. É praticamente impossível obter acesso ao software a nível da fonte. O código fonte do software do router é considerado um ativo secreto do fabricante e, por isso, está bem protegido. Este desafio pode ser ultrapassado ou contornado através da utilização de um dos sistemas operativos orientados para a AN ou de um dos SO de base. Foram sugeridos alguns SO (na secção 3.2) para serem utilizados como plataforma para os NA.

Cada sistema operativo utilizou uma pilha de rede rígida para poder servir a comunicação em rede. É necessário alargar as entidades da pilha de rede (controladores) para que o router tradicional passe a ser um RA. Os pormenores da arquitetura da pilha de rede e dos controladores foram apresentados na secção 3.4.

Agora, depois de garantir que o router pode ser alargado para cumprir os requisitos de AN, considere que um dos membros do ES em qualquer LAN ligada deseja processar os seus pacotes ativamente.

Na verdade, ainda não existe software no router que execute os serviços activos. O ES precisa de carregar um determinado programa no router existente; este programa (a que chamaremos componente do utilizador ao longo da investigação) é escrito pelo próprio utilizador final (UE) ou comprado a um terceiro.

O componente é uma função cujos parâmetros de entrada são (minimamente) o ponteiro para o buffer de dados do pacote e o comprimento desse buffer. Podem também ser utilizados outros parâmetros, a pedido. O objetivo destas funções (componentes) é aplicar novos protocolos ou introduzir uma função de valor acrescentado nos dados da rede.

A transferência do componente do utilizador para a AR proposta pode ter mais do que uma opção. O próprio componente pode ser transferido como código-fonte, biblioteca de ligação dinâmica (DLL), ficheiro executivo (exe), etc. Além disso, o componente pode ser escrito em qualquer linguagem de alto nível, desde que essa linguagem suporte a interface com as API exportadas pelo SO previamente selecionado. Pode ser C, C++, java, Caml ou outras. A codificação de programas em NAs foi abordada brevemente na secção 2.8.

Para ser transferido, o componente pode ser integrado com a carga normal do pacote de dados (ou seja, no mesmo curso de transmissão), ou pode ser transmitido como uma parte discreta (ou seja, antes de enviar a carga do pacote).

As abordagens HTTP, FTP e Winsock são exemplos das soluções propostas no domínio da abordagem de transmissão discreta. No entanto, as técnicas do modelo de programação foram introduzidas na secção 2.7. Em qualquer dos modelos de programação, o SE deve distinguir os pacotes que transportam código dos que transportam dados.

Na receção, o novo AR armazena o componente, atribui-lhe um identificador (ID) adequado e associa-o ao software AR. Além disso, a RA notificará todos os membros da AN sobre a função deste novo componente instalado e o seu ID.

Qualquer UE pode carregar na RA os componentes que desejar, seguindo um dos vários cenários acima referidos. No entanto, a UE que pretenda instalar um novo componente de utilizador deve autenticar-se a si própria e ao seu código na AR. A UE que obedece a estas condições é considerada uma UE privilegiada (PEU). O código também deve ser seguro, de modo a não prejudicar o sistema . Na secção 3.6, foram explicadas várias técnicas de segurança e proteção da AN.

Nesta fase, o ES interrogado e os outros membros do AN são informados de que foi instalado um componente que efectua um processo específico e que tem o ID recentemente notificado. Por conseguinte, qualquer ES pode enviar os seus dados para serem processados pela função oferecida por esse componente. A função oferecida por esse componente pode ser uma das aplicações explicadas na secção 3.7.

A UE que instala o(s) componente(s) ou outras UEs, ambas podem processar os seus pacotes ativamente. Suponhamos que uma das UEs precisa de processar os seus pacotes de dados por esse componente. O pacote de dados a ser processado ativamente deve indicar qual o componente do utilizador que pretende processar. Algumas técnicas foram sugeridas para utilizar um protocolo ANEP não normalizado e outras dependem da filtragem flexível dos cabeçalhos de protocolo para indicar ao AR qual o componente necessário para o processamento. O protocolo ANEP foi ilustrado anteriormente na secção 2.6.1 e outras abordagens podem ser concluídas em várias investigações no capítulo 3.

Ao chegar, o RA proposto saberá que este pacote de dados activos recebido requer um processamento pelo componente do utilizador cujo ID está associado (explícita ou implicitamente) no pacote. O AR efectua o processamento solicitado e reencaminha o pacote processado para o seu destino.

De acordo com os cenários acima referidos, este projeto foi dividido em três partes, tal como será explicado na secção 3.6.

3.4 Interceção de pacotes

Na secção 3.3, é descrita a relação entre o modelo de referência OSI e o sistema operativo Windows e a forma como o Windows obedece a este modelo de referência. Além disso, as camadas da pilha de rede do Windows são abordadas de forma exaustiva na secção 3.4. Foi dada uma grande atenção aos componentes principais (controladores de rede) da técnica Windows no que respeita à ligação em rede.

Até esta fase, não há indicação explícita de em que ponto da pilha e como o programador pode intercetar e/ou processar os pacotes . Como pode ser evidente, as redes activas precisam de ter acesso total aos pacotes da rede. Os pacotes (na abordagem integrada [33]) podem conter código (programa) na sua carga útil. O nó intermediário deve acessar e depois executar o código. Mesmo quando o pacote encapsula um ponteiro para o programa ativo (ou seja, abordagem discreta [33]), o nó ativo processa (e pode alterar) o conteúdo do pacote.

Nas redes tradicionais, os componentes da pilha do Windows lidam apenas com os cabeçalhos dos pacotes (ou seja, cabeçalhos Ethernet, IP, TCP) e deixam a carga útil sem qualquer contacto. Nas ANs, a questão é diferente. Todos os conteúdos dos pacotes têm de ser acessíveis, caso contrário a rede continua a ser convencional.

Não é surpreendente dizer que o sistema operativo Windows é um sistema de código-fonte fechado. Por conseguinte, não só intercetar, mas também seguir o pacote durante a sua passagem pela pilha do SO da rede não é assim tão fácil. No entanto, algumas opções limitadas podem ser permitidas. Depois de ilustrar a passagem de um pacote da origem para o destino através da rede, estas portas estreitas serão abordadas.

3.4.1 Passagem de pacotes

A comunicação em rede começa quando um programa de aplicação tenta aceder a recursos noutro computador. Os dados e os pedidos deslocam-se de camada para camada dentro de um computador. Cada camada é capaz de comunicar com a camada imediatamente acima e com a camada imediatamente abaixo dela. Se o pacote não se destinar a ser utilizado pela camada atual, esta passa o pacote para uma camada adjacente. Os pacotes percorrem a pilha de protocolos de rede do primeiro computador. Se o destino estiver noutro computador ligado em rede, os pacotes de dados são enviados através do meio físico e passam por nós intermédios (como routers, firewalls, caches Web, etc.). Os dados são transmitidos para cima, através das camadas inferiores do segundo computador, até à mesma camada que iniciou a troca de dados.

A implementação da pilha de rede nos sistemas operativos Windows não contém uma arquitetura de filtro/mistura de pacotes diretamente semelhante ao Netfilter na arquitetura e Linux [93]. No entanto, é possível um pequeno número de outras opções para intercetar pacotes através da pilha de protocolos. Estes mecanismos serão descritos na próxima subsecção, com vista a avaliar a sua adequação para satisfazer os requisitos da implementação de redes activas que será discutida na secção 3.5.

3.4.2 Acesso a pacotes

O objetivo desta secção é fazer uma breve apresentação das técnicas disponíveis que podem ser usadas para aceder e processar pacotes de rede nas plataformas Microsoft Windows. A Figura 3.1 ilustra a pilha de protocolos no Windows [95]. Para complementar as secções anteriores (3.3 e 3.4), estes mecanismos são também divididos em: mecanismos em modo kernel e mecanismos em modo utilizador.

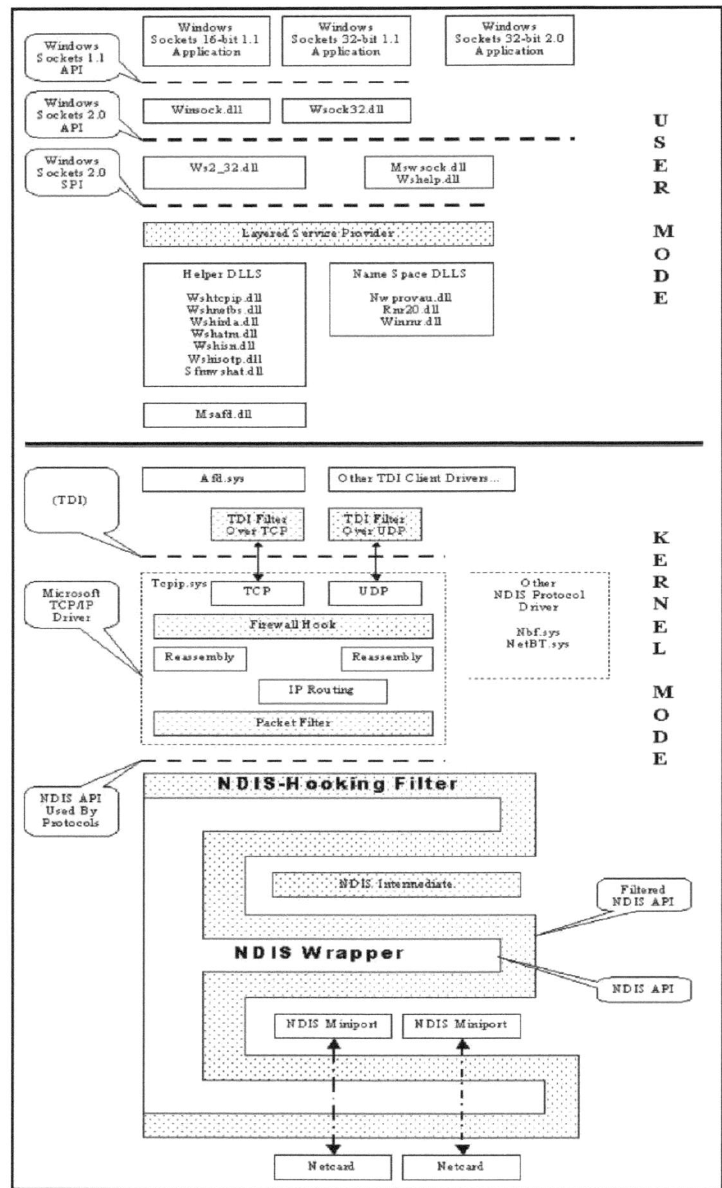

Figura 3.1 Mecanismos de interceção da pilha de rede

3.4.2.1 Mecanismos do modo Kernel

A) *Controlador NDIS IM:*

Normalmente, os controladores intermédios NDIS, explicados na secção 3.4.1.2, são utilizados nas seguintes situações:

❖ Para equilibrar a transmissão de pacotes em mais de uma placa de rede. Um controlador de balanceamento de carga expõe um adaptador virtual a protocolos de transporte sobrepostos, mas distribui os pacotes enviados por mais de um NIC [70].

❖ Para filtrar os pacotes. Os controladores intermédios de filtragem executam operações especiais nos pacotes que são transportados através deles. Neste domínio, há várias utilizações potenciais para o controlador NDIS IM. Por exemplo, pode ser utilizado para passar/despassar pacotes seletivamente, atrasar/ordenar pacotes, armazenar pacotes em buffer enquanto aguardam processamento, encriptar/desencriptar pacotes, comprimir/descomprimir pacotes, encaminhar pacotes e monitorizar pacotes. A Figura 3.2 mostra um driver intermediário de filtro [96].

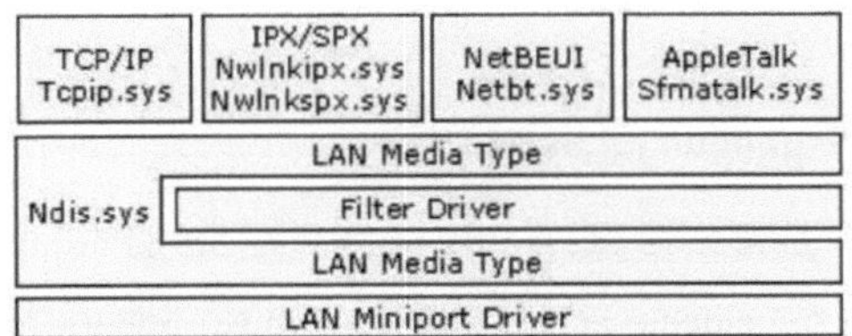

Figura 3.2 Condutor intermédio de filtro

Traduzir entre diferentes meios de rede, como no caso de um controlador intermédio de emulação de LAN ilustrado na figura 3.3. O controlador intermédio de emulação de LAN traduz os pacotes do formato LAN do transporte sem ligação subjacente para o formato orientado para a ligação (como o ATM) abaixo. Assim, os protocolos de transporte parecem comunicar com um adaptador de rede LAN (Ethernet), mas na realidade estão a comunicar com um dispositivo de hardware diferente [73].

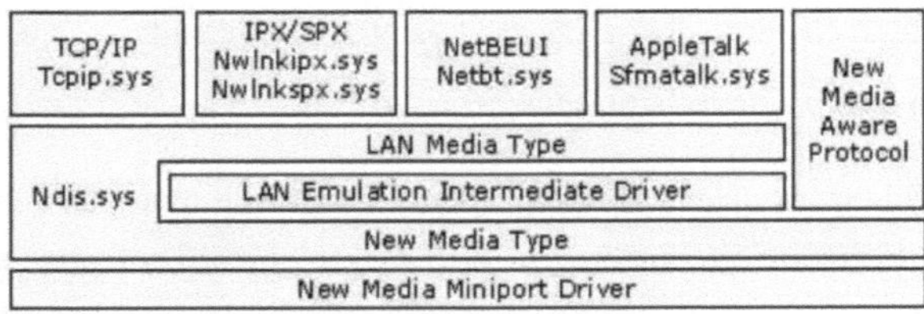

Figura 3.3 Controlador intermédio de emulação de LAN

A Microsoft fornece uma excelente documentação sobre o driver NDIS IM no mais recente Windows Driver Development Kit (DDK). No entanto, a Microsoft não ilustra onde examinar os dados do pacote e não ilustra como modificar os dados do pacote [96].

B)Driver de filtro de ligação NDIS

Utilizando um mecanismo de filtro de hooking NDIS, os controladores interceptam ou "engancham" funções selecionadas exportadas pelo invólucro NDIS. Assim, um filtro de hooking NDIS pode ser utilizado para realizar uma funcionalidade semelhante à que é possível utilizando um controlador intermédio NDIS [95, 97].

C) Condutor de gancho de filtro IP

O mecanismo de drivers de gancho de filtro [94, 70] na arquitetura de rede do Windows é algo semelhante ao Netfilter no Linux, embora menos poderoso e flexível. Um driver de gancho de filtro IP é um driver em modo kernel usado para filtrar pacotes de rede. Ele estende a funcionalidade do driver de filtro IP fornecido pelo sistema. Um controlador filter-hook só pode ser instalado no sistema operativo Microsoft Windows 2000 e versões posteriores.

Um controlador de gancho de filtro implementa uma função de chamada de retorno de gancho de filtro e regista essa função de chamada de retorno com o controlador de filtro IP fornecido pelo sistema. Esta função de chamada de retorno é conhecida como *gancho de filtro.* O controlador de filtro IP utiliza subsequentemente o gancho de filtro para determinar como processar os pacotes de entrada e de saída. Em outras palavras, a função de chamada de retorno retorna uma decisão sobre continuar processando cada pacote que passa pela camada IP (PF_ACCEPT) ou descartar o pacote (PF_DROP).

Um driver de gancho de filtro pode ser criado para filtrar pacotes de rede se a API de filtragem de pacotes não for adequada. As aplicações em modo de utilizador utilizam esta API para criar e gerir filtros de entrada e saída no controlador de filtro IP fornecido pelo sistema.

D) Condutor de gancho de parede

O driver de gancho de firewall foi introduzido nas versões beta do Windows 2008. Foi concebido com o objetivo de fornecer ganchos para implementações de firewall para filtrar pacotes. O mecanismo não é mais suportado pela Microsoft e pode ser removido de futuras versões do Windows. Ele não está documentado no MSDN [94].

E)Controlador de filtro TDI

A interface superior de um controlador de protocolo do Windows, como o TCP/IP, é a interface do controlador de transporte. No Windows XP, o controlador TDI é um controlador clássico de estilo NT "legacy" que utiliza uma API baseada em I/O Request Packet (IRP). Esta API pode ser filtrada de duas formas. A primeira utiliza uma família de funções, a API loAttachDeviceXYZ, para colocar um filtro acima do TDI. O segundo método envolve a filtragem da tabela de envio de IRP para o controlador TDI [95].

O tipo de operações de filtragem que podem ser executadas com este controlador é muito semelhante às operações que podem ser executadas utilizando um LSP do fornecedor de serviços em camadas Winsock (explicado na secção seguinte). No entanto, no Windows 2008, o Winsock LSP é um controlador de modo de utilizador, enquanto o controlador de filtragem TDI é um controlador de modo de kernel. Além disso, ao contrário de um LSP, *todo o* tráfego IP deve passar pela interface TDI.

3.4.2.2 Mecanismos do modo de utilizador

A) Fornecedor de serviços em camadas Winsock 2

A Microsoft definiu uma nova interface [98] com sua última versão do Winsock, conhecida como Winsock Service Provider Interface (SPI). A SPI é uma interface padrão entre a Interface de Programação de Aplicativos (API) do Winsock, que é chamada por aplicativos que exigem a funcionalidade Socket, e as pilhas de protocolos. Como tal, várias pilhas de protocolos são agora suportadas pelo Winsock, e não apenas o TCP/IP. Um Provedor de Serviços em Camadas (LSP) é um driver que implementa a SPI do Winsock nas suas bordas superior e inferior. Ele se baseia no driver de transporte subjacente existente para sua funcionalidade de transmissão. Um exemplo típico de um Fornecedor de Serviços em Camadas pode ser receber dados passados para a API Winsock por uma aplicação, encriptá-los e enviá-los para a pilha de protocolos. Os LSPs podem ser colocados em camadas uns sobre os outros, desde que todos os LSPs da cadeia suportem o SPI nas suas extremidades superior e inferior.

B)Interface de filtragem de pacotes do Windows 2008

O Windows 2008 fornece uma API, através da qual uma aplicação em modo de utilizador pode instalar um conjunto de descritores de filtros que são utilizados pelo TCP/IP para filtragem de pacotes (PASS/DROP) [97].

C) DLL de substituição do Winsock

Antes da introdução do recurso LSP do Winsock, a única maneira de estender a funcionalidade do Winsock era substituir certas DLLs do Winsock fornecidas pela Microsoft por DLLs de substituição (Dynamic Link Library). Se implementadas corretamente, as DLLs de substituição filtrariam a API Winsock e chamariam funções nas DLLs Winsock originais, conforme necessário [95].

3.5 Especificações de projeto

Esta secção apresenta uma visão geral de alto nível da arquitetura proposta, descrevendo as principais decisões de conceção e o raciocínio que lhes está subjacente.

3.5.1 Modelo de pilha de rede

As redes activas alteram a forma de pensar o trabalho na Internet, pelo que o modelo OSI por camadas já não é adequado para as descrever. O modelo tradicional atual baseia-se na separação entre a rede e as suas aplicações (ou seja, as camadas mais baixas não dependem das aplicações). O pressuposto de que "os cálculos foram simplesmente inseridos na rede para melhorar as funcionalidades das aplicações e adaptá-las ao estado da rede" já não é válido.

O novo modelo tem de ser "baseado em componentes" e não em camadas. De facto, as pilhas de protocolos são substituídas por componentes de protocolos que podem ser adaptados e compostos para desempenhar funções específicas das aplicações. As aplicações, para estarem em conformidade com este novo modelo, podem determinar a repartição das funções entre intermediários e pontos finais. Por conseguinte, a fiabilidade de um serviço não é realizada apenas nos nós finais, mas também no interior da rede.

Em 2013, Tennenhouse [33] proferiu a sua famosa frase "Não temos a certeza da forma que um novo modelo poderá assumir, mas sugerimos que será mais baseado em componentes do que em camadas". Embora Tennenhouse acredite, desde o início do seu envolvimento na investigação sobre redes activas, que uma abordagem baseada em componentes é a mais adequada para as RA, poucas das primeiras abordagens adoptaram verdadeiramente um modelo de componentes. O trabalho aqui apresentado constitui uma das poucas arquitecturas de RA componentizadas.

A dissociação lógica entre a plataforma de RA subjacente e o software de componentes activos e a natureza implícita e autónoma dos componentes fizeram desta a escolha mais adequada para a construção de arquitecturas de AN cujo principal objetivo era a flexibilidade. Como tal, este projeto beneficia das vantagens gerais da conceção baseada em componentes, nomeadamente a modularidade do código, a reutilização e a composição dinâmica, para facilitar o desenvolvimento e a implementação de serviços de rede personalizados.

A arquitetura de componentes permite que programas e serviços activos complexos sejam divididos em componentes funcionais simples e fáceis de desenvolver. Esta abordagem "dividir para conquistar" facilita a conceção e o desenvolvimento de componentes, porque só é necessário construir pequenos programas com funções limitadas e a composição dos serviços activos é assegurada pela estrutura de composição. Além disso, esta abordagem modular também simplifica a extensibilidade funcional da RA. Uma vez que os componentes têm normalmente uma interface de componente bem definida e organizada, a extensibilidade dinâmica e a substituição de componentes individuais são simples.

A visão da AR proposta neste livro é fornecer uma estrutura sobre a qual a funcionalidade completa do nó pode ser fornecida sob a forma de componentes individuais (por exemplo, componente de compressão, componente de correção de erros de avanço (FEC) , componente de encaminhamento, "...etc.), que são depois compostos em serviços de rede em tempo. A composição é conseguida através da manipulação de pacotes. Um cabeçalho ANEP melhorado é explorado para definir a "rota" de processamento através do ambiente de componentes. Isto permite rotas adequadamente adaptadas ao tipo ou conteúdo do pacote.

Por último, este novo modelo separa a evolução do software e do hardware da infraestrutura de rede. A RA torna-se uma máquina onde pode ser executado software independente da plataforma. Assim, o desenvolvimento de serviços de rede personalizados e adaptáveis pode responder melhor aos requisitos das aplicações do utilizador final.

3.5.2 Modelo de programação

As redes activas actuais baseiam-se num de dois modelos de programação - a abordagem de pacotes activos, em que os programas activos em banda são executados no contexto de ambientes de execução especializados, ou a abordagem de extensão ativa, que permite aos utilizadores carregar programas activos fora de banda, antes de enviarem os dados.

A primeira abordagem tende a ser bastante restritiva devido às capacidades de programação limitadas (por exemplo, os programas activos são muito limitados em termos de dimensão do código e os ambientes de execução oferecem apenas uma interface de programação pequena e fixa). Por outro lado, a abordagem posterior (fora de banda) carece frequentemente de capacidades adequadas de composição de serviços para componentes de software.

Este projeto tenta resolver estas limitações alargando o modelo de programação da extensão ativa através de uma estrutura de composição flexível para componentes de software. A estrutura de composição de serviços permite que programas ou serviços activos complexos sejam divididos em muitos componentes funcionais simples e fáceis de desenvolver, que são depois dinamicamente remontados ou compostos na RA em tempo de execução.

O RA, tal como outras abordagens de extensão ativa, é programado individualmente através do carregamento fora de banda e da instanciação de programas activos, designados por componentes de software. O seu quadro de composição permite a integração flexível destes componentes no AR.

Uma vez que estes componentes não estão limitados em termos de dimensão, podem proporcionar uma funcionalidade adicional substancial nos nós. Além disso, o facto de estes componentes (ao contrário dos programas de rede activos em banda) não serem transitórios por natureza, torna-os capazes de fornecer funcionalidades a longo prazo. Consequentemente, este modelo de programação permite igualmente a extensibilidade das capacidades de programação da RA através do fornecimento de uma nova interface de programação.

3.5.3 Seleção da plataforma

O Microsoft Windows 7 (para os ES) e o Windows 2007 (para os AR) foram selecionados como plataforma de funcionamento da arquitetura proposta para a AN.

Apesar do facto de o processamento em kemel ser muito complicado, o sistema operativo Windows oferece boas propriedades. Não só é amplamente utilizado, como também é produzido por uma empresa famosa no domínio das redes, nomeadamente a Microsoft. Além disso, no Windows, cada aplicação é executada no seu próprio espaço de memória, pelo que, quando uma aplicação falha, não faz cair todo o sistema. Esta propriedade garante a segurança do sistema AN. Além disso, a função de proteção de ficheiros do Windows (WFP) impede que os ficheiros de sistema, que são críticos para o sistema operativo, sejam apagados ou alterados por utilizadores ou aplicações.

Estas propriedades e outras (que são mencionadas na secção 3.3, como a arquitetura modular e as camadas de participação) constituem a principal motivação para este projeto.

Por último, foram exploradas outras caraterísticas das janelas ao longo deste trabalho, que serão indicadas nos locais adequados.

3.5.4 Dispositivo de borda

O AR foi concebido como um encaminhador de extremo ativo para utilização em redes de pequena e média dimensão (ver figura 3.4). Embora a arquitetura do software trate cuidadosamente as operações críticas em termos de desempenho, o compromisso entre desempenho e flexibilidade limita o AR a um desempenho moderado. No entanto, uma vez que o AR se destina principalmente a ser utilizado em redes de pequena e média dimensão, um desempenho moderado é suficiente.

O segundo domínio de aplicação da AR proposta, nomeadamente como plataforma de investigação para a experimentação de novos protocolos e serviços de rede, também não exige um suporte de elevado desempenho. A nova arquitetura de software foi concebida independentemente da arquitetura de hardware subjacente.

Tal como os encaminhadores de extremidade convencionais, o AR concebido funciona com base no protocolo da camada de ligação. Intercepta os quadros da camada de ligação que chegam a uma das suas interfaces e encaminha-os para qualquer outra interface. Os programas ou serviços do RA que indicam interesse em processar um quadro que está a passar pelo nó, recebem o quadro para processamento.

Dependendo da aplicação ativa e do seu nível de privilégio, pode simplesmente processar o quadro (ou seja, aplicar alguma forma de computação ativa ou atualizar o estado local do router) e passar o quadro para processamento posterior, ou pode

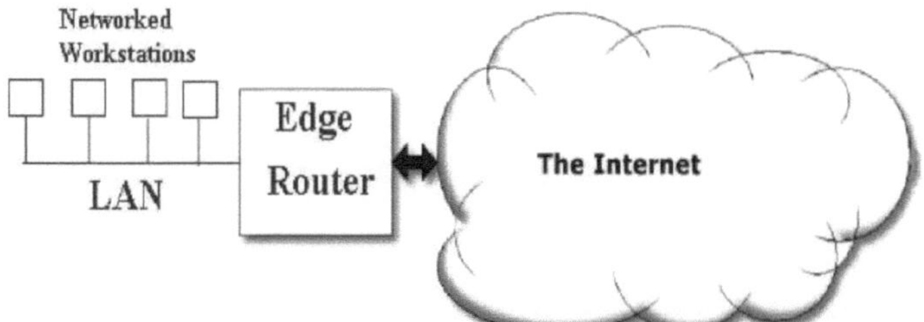

Figura 3.4 um router que liga uma LAN à Internet

decidem o destino do quadro (ou seja, se o quadro é rejeitado ou reencaminhado ou se é aplicado um comportamento especial de reencaminhamento) e tomam as medidas adequadas. O encaminhamento e o encaminhamento IPv4 padrão servem como uma solução de recurso para o caso de nenhuma das aplicações activas lidar com essa questão.

A vantagem desta conceção de nó ativo é que os routers convencionais podem ser diretamente substituídos por este router ativo proposto - sem perda de funcionalidade, mas com a perspetiva de extensibilidade e programabilidade flexíveis. Partindo do princípio de que a plataforma de base para a nossa arquitetura de RA, ou, por outras palavras, a solução de recurso, suporta a mesma funcionalidade que o router de substituição.

3.5.5 Driver IM como um intercetor de pacotes

Esta secção centra-se na razão pela qual foi escolhido um controlador NDIS IM como base para a conceção do intercetor de pacotes neste projeto. O driver IM foi escolhido embora existam várias outras opções que podem desempenhar a mesma missão (ver secção 3.4).

O controlador IM do NDIS [70] (explicado na secção 3.4.1.2) tem muitas vantagens sobre outros mecanismos; por um lado, está bem documentado e, por outro, tem uma excelente localização na pilha. Está situado entre as subcamadas LLC e MAC, e esta caraterística confere ao controlador IM do NDIS um grande controlo sobre os pacotes de rede, sem afetar outros componentes da pilha de protocolos de rede. Além disso, um controlador intermédio pode ser colocado por cima ou por baixo de outro controlador intermédio sem afetar a sua função, embora seja improvável que uma tal disposição apresente um bom desempenho.

As razões subjacentes à exclusão dos restantes mecanismos são ilustradas nos parágrafos seguintes. A ordem dos mecanismos aqui discutidos é semelhante à que aparece na secção 3.4.

Infelizmente, o driver de filtro NDIS-Hooking não está documentado [95]. Para efeitos de escrita de uma implementação de processamento de pacotes a pedido no Windows, um filtro de ligação NDIS não parece oferecer quaisquer vantagens significativas em relação a um controlador intermédio NDIS mais simples.

No que diz respeito ao driver de gancho de filtro IP, existem três grandes deficiências de um driver de gancho de filtro. A limitação mais significativa que restringe sua utilidade para o processamento sob demanda é que ele não pode lidar com pacotes de forma assíncrona. Ou seja, ele não pode removê-los de sua travessia o da camada IP enquanto aguarda o resultado do processamento. Os pacotes não podem ser armazenados em buffer por um driver de gancho de filtro. A segunda falha do driver de gancho de filtro é que apenas uma função de retorno de chamada (ou driver de gancho de filtro) pode ser registada e instalada de cada vez. Assim, se outra aplicação estiver a utilizar o controlador, este não estará disponível para ser utilizado por outras aplicações, e vice-versa. O Netfilter no Linux permite que várias funções de retorno de chamada sejam registradas por gancho, e cada uma delas é chamada por sua vez. Além disso, existe uma sobrecarga conhecida associada ao registo de um hook de filtragem (é a terceira falha). Especificamente, cada pacote de entrada e saída incorre na sobrecarga de uma chamada de função adicional [99]. Portanto, um gancho de filtragem deve limitar a quantidade de processamento por pacote que executa e deve ser optimizado para minimizar o tempo médio gasto no processamento de pacotes. As três restrições acima podem limitar a utilidade deste driver.

Para além do IP Filter Hook Driver, o mecanismo do Firewall Hook Driver já não é suportado pela Microsoft e poderá ser removido de futuras versões do Windows [94]. Não está documentado no MSDN. A Microsoft não recomenda o uso do firewall hook driver, pois ele "funciona muito alto na pilha de rede". Em vez disso, recomenda o uso de um driver intermediário NDIS. Para efeitos de processamento de pacotes, que pode demorar um tempo relativamente longo, o hook da firewall, tal como o filter-hook, não suporta a filtragem de pacotes de forma assíncrona, pelo que não pode satisfazer os requisitos da AN. Além disso, poderia também interferir com as operações de partilha de ligação à Internet (ICS) ou com uma implementação de firewall pessoal [100].

No entanto, ambas as técnicas de filtragem do controlador TDI, nomeadamente a API loAttachDeviceXYZ e a tabela de envio de IRP, requerem um conhecimento profundo das técnicas de programação de controladores de dispositivos do Windows NT, bem como um conhecimento profundo da API TDI a filtrar. No entanto, o controlador TDI não seria adequado como implementação de processamento de pacotes, porque se encontra numa posição elevada na pilha. Esta posição restringe ts os protocolos utilizados nas camadas mais baixas apenas às opções atualmente disponíveis.

Para as técnicas de modo de utilizador, o LSP Winsock 2 explora o processo designado por "Windows sockets", que pode ser utilizado para tarefas como QoS, encriptação de fluxos de dados, etc. Mas esta abordagem não pode ser utilizada em routers, porque os pacotes são encaminhados ao nível da camada de rede. Outra lacuna dos LSP é que os controladores e, possivelmente, algumas aplicações do sistema operativo Windows podem ignorar completamente o Winsock e, em vez disso, utilizar a interface de controlador de transporte para enviar pacotes de dados diretamente para o controlador de protocolo [95]. Por conseguinte, este método não pode ser utilizado em aplicações que exijam a interceção de todos os pacotes atravessados.

Por outro lado, as regras da Interface de Filtragem de Pacotes do Windows 2008 são bastante limitadas (passar/retirar com base no endereço IP e na informação da porta), e esta abordagem só pode ser utilizada a partir do Windows 2008 e superior. Trata-se de um filtro orientado para o TCP/IP.

Finalmente, há uma variedade de razões pelas quais o desenvolvimento de uma DLL robusta de substituição do Winsock é difícil de realizar. Entre essas dificuldades está o facto de as DLLs Winsock da Microsoft incluírem funções de suporte internas privadas que não estão documentadas. Uma DLL de substituição do Winsock deve lidar com pelo menos algumas dessas funções não documentadas. Além disso, a arquitetura do sistema Windows está a migrar para incluir melhorias (como a proteção dos ficheiros do sistema), o que torna impraticável a utilização desta técnica [95]. Em geral, o uso da DLL de substituição do Winsock é atualmente considerado uma má ideia.

3.6 Descrição geral da arquitetura

Esta secção descreve a arquitetura proposta para a AN e ilustra como pode ser construída numa infraestrutura de rede real. As secções seguintes descrevem, por sua vez, cada um dos aspectos da arquitetura. Uma dificuldade fundamental na conceção de sistemas de AN é permitir que os nós da rede processem programas definidos pelo utilizador e especificados de forma flexível, fornecendo simultaneamente serviços de rede fiáveis para todos. Os nós activos devem, por conseguinte, proteger os protocolos e serviços de rede coexistentes uns dos outros e controlar de forma segura os recursos partilhados.

Como consequência dos cenários de projeto que foram imaginados na secção 3.3, pode ser útil organizar o trabalho nesta investigação da seguinte forma. A arquitetura global da rede ativa proposta foi dividida em três partes funcionais: o Distribuidor de Componentes (CD), o Manipulador de Pacotes (PM) e a parte de "Prova de Conceito".

A primeira parte, o distribuidor de componentes (CD), assegura a transferência de componentes de utilizador de um sistema Privileged End-System (PES) ou de um sistema de administrador de rede (ADMN) para o encaminhador ativo (AR). A gestão do componente transferido é também da responsabilidade do CD.

Por outro lado, a parte funcional do manipulador de pacotes (PM) estende a pilha de rede do SO de forma a poder intercetar os pacotes que entram no AR e discriminar entre os vários tipos de pacotes. Depois de distinguir o tipo, o PM encaminha o pacote para o componente adequado para ser atendido.

A parte de teste do projeto, que será dedicada à prova de conceito da ideia deste livro, será explicada num novo livro. Contém também a conceção e implementação do sistema Packet Generator/Injetor (PGI). O seu principal objetivo é a construção de dois tipos de pacotes: Ativo e Tradicional. Normalmente são pacotes que transportam dados (não código). Após a construção, o PGI injeta os pacotes gerados na pilha de rede para serem enviados através da AN.

A arquitetura proposta foi concebida para alargar os routers existentes, colocando a funcionalidade específica da rede ativa no topo do sistema operativo do router. Uma camada genérica de rede ativa de alto nível permite a programação e o processamento de programas activos em várias plataformas.

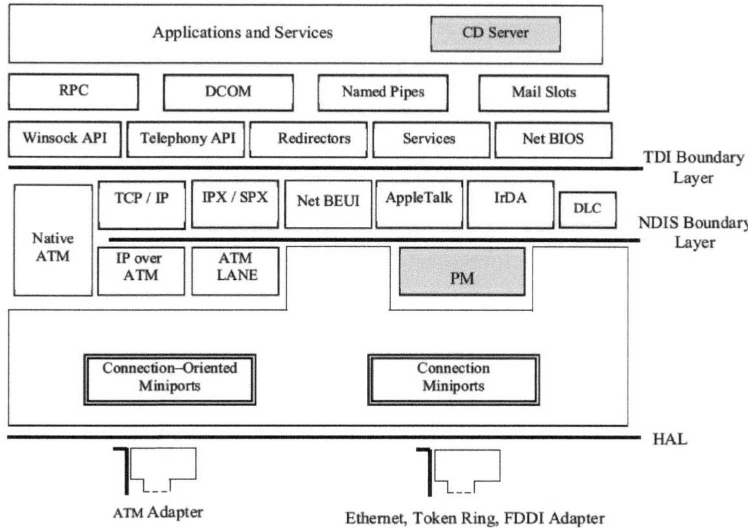

Figura 3.5 Posições das unidades CD e PM em relação às camadas Windows do

Para unificar o acesso e a programabilidade dos RA, esta camada expõe interfaces bem conhecidas (API). A funcionalidade de baixo nível da arquitetura AR, tal como fornecida pelo NodeOS ativo, está diretamente integrada no SO do encaminhador, a fim de manter um bom desempenho do processamento ativo.

As secções seguintes explicam em pormenor as duas primeiras partes do RA proposto, cujas posições são igualmente apresentadas na figura 3.5. A terceira parte será explicada num novo livro.

3.7. Descrição do hardware

Um router é um sistema que está ligado a duas ou mais redes e que encaminha pacotes de uma rede para outra. Os encaminhadores funcionam na camada de rede do modelo de referência OSI, pelo que podem ligar redes que utilizam diferentes protocolos da camada de ligação de dados e diferentes meios de rede [64].

Neste trabalho, o esforço centra-se na ativação de uma rede tradicional de pequena dimensão, como foi referido na secção 3.5.4. Numa rede pequena, o trabalho dos routers pode ser bastante simples. Quando duas ou três LANs estão ligadas por um router, por exemplo, o router precisa simplesmente de receber pacotes de uma rede e encaminhar os que se destinam a uma das outras duas redes.

No entanto, numa grande rede de Internet, os routers ligam muitas redes diferentes entre si e, em muitos casos, as redes têm mais do que um router ligado a elas. Isto permite que os pacotes sigam caminhos diferentes para um determinado destino. Se um router da rede falhar, os pacotes podem contorná-lo e continuar a chegar aos seus destinos. Numa rede de Internet complexa, uma parte importante do trabalho de um router é selecionar o caminho mais eficiente para o destino dos pacotes. Normalmente, este é o caminho que permite que um pacote chegue ao destino com o menor número de saltos, ou seja, passando pelo menor número de routers.

No entanto, o trabalho apresentado neste livro visa redes de borda como a mostrada na figura 3.4. Tal como referido na secção 3.3, a ativação destas redes exige a substituição ou a modificação do nó intermédio (encaminhador) de modo a que este possa efetuar cálculos para além da tarefa de encaminhamento. No entanto, o facto de alargar a rede tradicional para efetuar cálculos não significa que a função original das redes de computadores tenha sido alterada. Pelo contrário, a principal função das redes de computadores continua a ser a comunicação. A computação é apenas um reforço da funcionalidade da rede para ultrapassar as limitações e carências referidas no capítulo 1.

Além disso, em ambientes de AN, os sistemas finais (ESs) devem ser capazes de lidar com pacotes activos e gerar componentes activos (se necessário) para além do seu processamento normal do fluxo convencional de dados.

Cada ES tem uma placa NIC e os controladores de rede associados que representam a pilha de rede do dispositivo. Cada placa de rede tem o seu próprio endereço MAC e o seu próprio endereço de camada de rede. Na secção 3.5.3, sugere-se a utilização do sistema operativo Windows XP (ou superior) como plataforma em cada sistema final.

Normalmente, um router pode ser um dispositivo de hardware autónomo ou um computador normal. Sistemas operativos como o Microsoft Windows 2008 server e o Windows NT têm a capacidade de encaminhar o tráfego de rede. Assim, criar um router a partir de um computador é simplesmente uma questão de instalar dois (ou mais) adaptadores de interface de rede, ligar o sistema a duas (ou mais) redes diferentes e configurá-lo para encaminhar o tráfego entre essas redes.

Um computador com duas ou mais interfaces de rede é designado por sistema "multi-homed". O Windows 95, o Windows 98 e o Windows Me não podem encaminhar pacotes entre dois adaptadores de interface de rede. No entanto, existem produtos de software de terceiros que permitem a partilha de ligação à Internet (ICS).

Essencialmente, estes produtos são routers de software que permitem a um computador encaminhar pacotes entre a rede local e a rede gerida por qualquer fornecedor de serviços Internet (ISP).

Quando um computador é utilizado como router, cada um dos adaptadores de interface de rede tem de ter o seu próprio endereço de rede, adequado à rede a que está ligado. Quando uma das duas redes é uma ligação ISP, o servidor ISP fornece normalmente o endereço para essa interface. O outro endereço IP é o que foi atribuído ao adaptador de interface de rede da rede local quando este foi instalado.

Por outro lado, um router autónomo é um dispositivo de hardware que é essencialmente um computador para fins especiais. A unidade tem vários adaptadores de interface de rede incorporados, um processador e uma memória na qual armazena as suas informações de encaminhamento e buffers de pacotes temporários.

3.8 Distribuidor de componentes

Um aspeto central de uma Rede Ativa (RNA) é a capacidade de carregar código executável nos elementos da rede. Assim, não é de surpreender que um componente básico do sistema proposto seja o Distribuidor de Componentes (CD), que permite ao utilizador carregar novos componentes e executá-los. Uma vez que o CD é responsável pela obtenção do componente do utilizador (US), pode ser útil ter uma visão geral da estrutura do UC no início.

3.8.1 Componentes do utilizador

O UC é um programa que efectua o processamento do pacote ou uma função de valor acrescentado ao pacote. A UC pode efetuar, por exemplo, filtragem especializada, encaminhamento, encriptação, etc. Prevê-se que o código da UC seja escrito por um utilizador final privilegiado (PEU) ou adquirido a um terceiro fornecedor de software, sendo depois enviado de qualquer sistema final privilegiado (PES) para o encaminhador ativo (AR) utilizando a unidade CD.

As UCs são distribuídas sob a forma de código de máquina pré-compilado ou como código fonte. Neste último caso, o código do componente é compilado Just-In-Time (JIT) na primeira vez que o componente é carregado (ver também a secção

2.8.1).

Cada UC tem o seu próprio identificador de componente (CID) que é associado ao componente durante a transmissão. Se um utilizador da AN precisar de instalar um determinado componente na AR, deve obter uma autorização do seu administrador de rede (ADMN) ou de um dos estabelecimentos da AN. O ADMN é responsável pela atribuição de um ID único para o componente do utilizador. Neste caso, o utilizador é considerado como uma UPE, que pode instalar o seu próprio serviço na AR mais próxima.

Quando uma UPE decide processar os seus Pacotes de Dados Activos (ADP) através de um novo protocolo ou serviço, deve, em primeiro lugar, enviar a UC (que implementa o protocolo requerido ou o serviço) para o AR para ser aí instalada. De seguida, a PEU envia os seus ADPs de forma a referenciar o componente pretendido através do CID. Desta forma, o AR processará os ADP recebidos pela UC indicada.

O utilizador final que envia e instala uma UC deve ser autenticado e autorizado a adicionar uma UC ao router. Além disso, o código da UC deve ser autenticado para garantir uma avaliação segura no ambiente de execução da RA. A autenticação e a autorização do utilizador final e do seu código devem ser geridas pelo criador da AN de acordo com os acordos estabelecidos na comunidade da AN.

Depois de criar uma UC, a PEU excita o CD para o transmitir ao AR. A PEU aguarda um aviso de receção do AR sob a forma de mensagem de notificação.

Para dar mais extensibilidade à funcionalidade do serviço na AN proposta, o número de UC que pode ser utilizado para obter qualquer serviço não é, virtualmente, limitado. Para obter um determinado serviço ativo, o utilizador da AN é responsável por determinar quais os componentes do utilizador e em que ordem devem ser compostos. A secção 3.10 esclarece o mecanismo de colagem necessário das UC.

A fim de apoiar os programadores de RA, são fornecidos ficheiros de modelos para os componentes do utilizador. O modelo de componente fornece funções que são obrigatórias em cada componente e planeia uma visão geral do padrão geral a que o UC deve obedecer. No momento da instalação, o Carregador de Componentes (CL) extrai o UC da biblioteca de ligações e carrega-o diretamente para a memória (Ambiente de Execução).

3.8.2 Distribuição de componentes

Uma vez que um novo serviço tenha sido expresso em termos de uma UC, ele deve ser implantado nas ARs antes de poder ser usado. A distribuição de códigos é um novo problema que surge nas AN, mas não na Internet tradicional.

O Distribuidor de Componentes (CD) fornece um esquema de distribuição de códigos por impulso da procura que facilita o início da utilização de um novo serviço por uma aplicação. Nesta secção, é apresentada uma descrição deste esquema de distribuição de código.

O esquema proposto transfere o código que implementa um novo serviço para os encaminhadores ao longo do caminho que o pacote ativo que utiliza o serviço segue. O código é armazenado em cache nesses encaminhadores para utilização posterior.

O CD é responsável pela obtenção do código do utilizador. Dado que o RA suporta a execução de código ativo "por referência", o que implica que os pacotes de dados activos (ADP) incluem apenas uma referência para um UC e não o próprio código, o CD pode ter de carregar primeiro o código do componente antes de o poder carregar. Um Identificador de Componente (CID) ou referência identifica de forma única o próprio componente (ou o seu ficheiro de descrição) através da especificação do local onde pode ser recuperado. A unidade CD fornece a capacidade de ler, embalar e depois transferir o UC de um PES para o AR.

O CU pode ter a forma de um ficheiro DLL (Dynamic Link Library) (ou seja, fluxo de bits) ou de um ficheiro de código fonte (script). No entanto, o UC pode conter mais do que um ficheiro ou a PEU pode decidir transmitir mais do que um UC numa única mensagem; por conseguinte, o CD oferece a capacidade de empacotar ficheiros antes da transferência.

A segunda função do CD é carregar o UC para o AR utilizando um determinado protocolo; o Protocolo de Transferência de Ficheiros (FTP) que será descrito brevemente na secção seguinte. O lado recetor (o RA) armazenará o UC num local previamente atribuído.

Como já foi referido, o CID é um número único para cada UC e é utilizado para discriminar a função oferecida por este componente. O ADP utiliza este CID para direcionar o AR para aplicar a UC que é adequada para este pacote.

Assim que o componente chega, o CD na RA emite uma mensagem de notificação sobre a nova UC para o remetente. Na AR proposta, assume-se que existe um organismo público pertencente à comunidade AN responsável pela atribuição de um determinado Identificador de Componente (CID) para cada UC desenvolvida por uma PEU ou por um terceiro de software.

Consequentemente, todos os membros da AN ligados ao RA proposto têm conhecimento da nova UC e, por conseguinte, podem decidir utilizá-la no futuro para processar os seus ADP.

Além disso, a unidade CD é também responsável por controlar remotamente a existência das UCs instaladas. Mais concretamente, a UPE é capaz de desinstalar ou substituir remotamente as suas próprias UC a partir do AR.

A unidade CD funciona em modo cliente/servidor. O AR representa o servidor, enquanto o PES representa o cliente. Assim, as tarefas do CD podem ser resumidas em: embalar, carregar, notificar e controlar a UC.

A segurança do esquema de distribuição de componentes proposto é crucial porque, se não for bem concebida, a atividade de distribuição de código torna a rede vulnerável a ataques.

Até agora, foi demonstrada uma RA que permite ao utilizador alargar e melhorar a sua funcionalidade à distância. Trata-se de um passo importante para o objetivo de melhorar a extensibilidade da rede, mas não ilustra o modo como os RA permitem que os utilizadores criem serviços de pacotes complicados utilizando mais de um componente. Esta questão é ilustrada na secção 3.10.

Consequentemente, quando uma PEU decide carregar uma nova UC, este projeto sugere a utilização da norma FTP, que é mais adequada para a distribuição direta de componentes (ou seja, apenas para nós activos específicos). Uma vez carregada a UC, o CD tem de a autenticar e armazenar numa memória permanente pré-especificada .

3.8.3 Protocolo FTP

O protocolo mais comum utilizado para enviar ficheiros entre computadores é o Protocolo de Transferência de Ficheiros (FTP). O suporte de FTP é um método de suporte de redes remotas. O FTP permite o carregamento e o descarregamento de ficheiros. Funciona como um par cliente/servidor. Os servidores FTP podem fornecer grandes quantidades de informação armazenada sob a forma de ficheiros. Este programa de transferência de ficheiros está localizado no nível de aplicação do modelo de referência OSI. Os objectivos do FTP são [101]:

1) Promover a partilha de ficheiros (programas de computador e dados).

2) Encorajar a utilização indireta ou implícita (através de programas) de computadores remotos.

3) Para proteger um utilizador de variações nos sistemas de armazenamento de ficheiros entre anfitriões.

4) Para transferir dados de forma fiável e eficiente.

O FTP, embora possa ser utilizado diretamente por um utilizador num terminal, foi concebido principalmente para ser utilizado por programas. No entanto, o FTP é utilizado para enviar ficheiros de um sistema para outro sob comandos do utilizador. Quando um utilizador solicita uma transferência de ficheiros, o FTP estabelece uma ligação de software ao sistema de destino para a troca de mensagens de controlo. Estas permitem a transmissão da identificação do utilizador e da palavra-passe e permitem ao utilizador especificar o ficheiro e as acções pretendidas.

Uma vez aprovada a transferência de um ficheiro, é estabelecida uma segunda ligação para a transferência de dados. O ficheiro é transferido através da ligação de dados, sem sobrecarga de quaisquer cabeçalhos ou informações de controlo ao nível da aplicação. Quando a transferência estiver concluída, a ligação de controlo é utilizada para assinalar a conclusão e para aceitar novos comandos de transferência de ficheiros. Ao contrário do HTTP, o FTP permite a inspeção da árvore de ficheiros, incluindo o tamanho dos ficheiros e os carimbos de data/hora. Um cliente FTP pode navegar pela estrutura de diretórios de um servidor ligado e selecionar ficheiros para descarregar ou carregar.

É de salientar que o FTP é único no facto de utilizar duas portas separadas para as suas comunicações. A segunda ligação (ligação de dados) é fechada quando a transferência de ficheiros está concluída, mas a ligação de controlo permanece aberta até que o cliente a termine. O FTP é também invulgar por ser uma aplicação autónoma, em vez de um protocolo utilizado por outras aplicações. Uma configuração incorrecta dos servidores FTP implica riscos de segurança. As subsecções seguintes ilustram o modelo oficial de FTP acordado no RFC959 [101].

3.8.3.1 Modelo FTP

O modelo oficial de funcionamento do FTP é constituído por duas categorias: FTP-ligação única e FTP-ligação proxy.

A) FTP - ligação única

Neste modelo, o cliente inicia a ligação de comando ao servidor, seleciona a porta adequada para a ligação de dados, envia o comando PORT para informar o servidor sobre a porta selecionada e, por fim, escuta a porta de ligação de dados. No outro lado, o servidor inicia a ligação de dados com o cliente. O servidor utiliza a porta especificada pelo comando PORT do cliente para transferir os dados. A Figura 3.6 mostra o modelo de ligação única FTP.

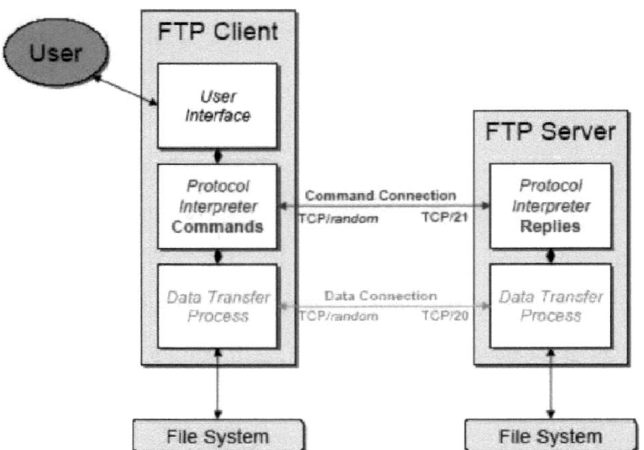

Figura 3.6 Configuração do modelo de ligação única FTP

B) Ligação FTP-proxy

A Figura 3.7 mostra uma configuração do modelo de ligação proxy. Neste modelo, o servidor secundário tem de suportar o comando PASV, o que o torna incapaz de iniciar a ligação de dados ao servidor A. Em vez disso, no comando PASV, que é utilizado em vez do comando PORT, o cliente estabelece a ligação de dados e pede ao servidor que especifique a sua porta preferida para a ligação de dados. No entanto, o servidor B fica à escuta na porta para a ligação do cliente. O cliente efectua transferências GET do primário para o secundário e transferências PUT do secundário para o primário.

Afinal de contas, o FTP inclui comandos básicos de gestão de ficheiros, que podem criar e remover diretórios, renomear e apagar ficheiros e medir as permissões de acesso. Nos últimos anos, o FTP tornou-se um dos pilares das comunicações via Internet.

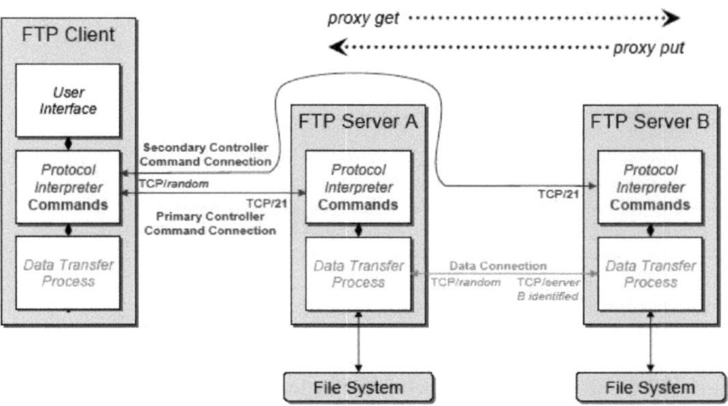

Figura 3.7 Configuração do modelo de ligaçãoFTP-proxy

3.9 O Manipulador de Pacotes

Certamente, a manipulação de um pacote de rede exige a captura do próprio pacote. Capturar uma cópia de um pacote de rede, por sua vez, re exige a interceção durante a sua passagem pela pilha de rede. Portanto, a passagem do pacote e o acesso ao seu conteúdo foram explicados brevemente na secção 3.4. Nessa secção, foram introduzidos vários métodos para intercetar o pacote. A comparação implícita entre estas técnicas e a sua validade para redes activas foi também apresentada na secção 3.5.5. A abordagem do controlador NDIS IM provou o seu valor e utilidade em relação a outras.

Um controlador (ou por vezes chamado controlador de dispositivo) é um software que permite ao computador trabalhar com um determinado dispositivo. Para além de estar relativamente bem documentado, o controlador IM tem uma excelente localização na pilha de rede.

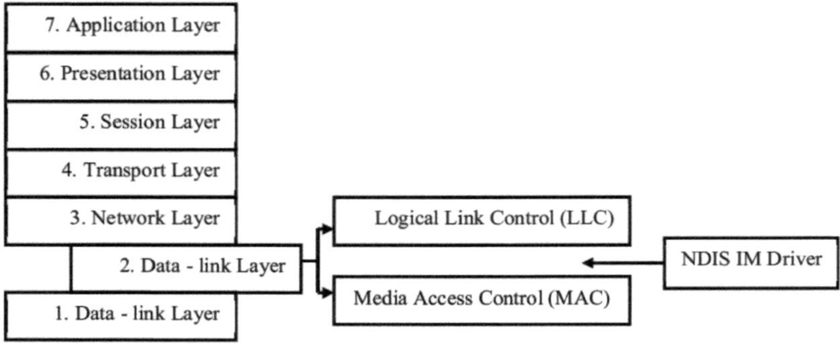

Figura 3.8 Controlador NDIS IM em relação ao modelo de referência OSI

Como se pode ver na figura 3.8, a localização do controlador IM (na camada NDIS, acima das camadas MAC e abaixo das camadas LLC do OSI) confere-lhe um controlo justo sobre os pacotes de rede, sem afetar outros componentes da pilha de protocolos de rede.

Por conseguinte, o controlador IM foi proposto para ser a base da arquitetura do manipulador de pacotes (PM). A manipulação de pacotes começa com a interceção do pacote e termina com o seu encaminhamento para o componente do utilizador adequado para ser aí processado. Assim, para além de apanhar um pacote, o PM executa uma firewall ligeira, elevando o pacote do kernel para o modo de utilizador, reconhecendo o seu tipo e, finalmente (se necessário), enviando o pacote para o componente de utilizador que deseja processar.

Consequentemente, a arquitetura PM foi dividida nas seguintes unidades funcionais: O intercetor de pacotes, o filtro de pacotes, a ponte de pacotes, o classificador de pacotes e o despachante de pacotes.

É de salientar que o classificador de pacotes e o expedidor de pacotes residem no espaço do utilizador do RA. A unidade de ponte de pacotes comporta-se como um canal entre as unidades do espaço do utilizador e as restantes unidades do espaço do kernel (intercetor e filtro).

Um diagrama de blocos simples do PM é apresentado na figura 3.9. A figura também mostra os caminhos que podem ser tomados pelos pacotes que passam pelo AR. A secção seguinte ilustra sucintamente as unidades PM.

3.9.1 Intercetor/Injetor de pacotes

O Packet Intercetor/inJector (PIJ) fornece a interface entre o ambiente de rede ativo e o caminho de dados no nó. O Intercetor de Pacotes (PI) é responsável pela interceção do tráfego de rede que atravessa o nó e pela sua transmissão ao ambiente de rede ativo para processamento. O Packet Injetor (PJ), pelo contrário, reinjecta os dados da rede no caminho de encaminhamento predefinido no nó ou envia-os diretamente através de uma das interfaces de saída.

Foi proposto um controlador de dispositivo de rede intermédio (IM) para realizar o PIJ no sistema operativo Windows 2008. Como já foi referido, a especificação da interface do controlador de rede (NDIS) do Windows permite a colocação dos chamados controladores IM entre o controlador da placa de interface de rede (NIC) da camada inferior e o controlador do protocolo de rede da camada superior. Assim, todo o tráfego recebido pelo nó é passado através do controlador IM para o protocolo da camada de rede para o processamento predefinido (por exemplo, encaminhamento) e vice-versa.

Como indicado na secção 3.5.5, devido à sua posição intermédia, um condutor IM tem de comunicar tanto com os condutores do protocolo subjacente (PT) como com os condutores do miniporto subjacente (MP). Por conseguinte, o controlador IM tem dois bordos. No bordo superior, o GI parece ser um controlador de miniporto em relação ao controlador PT original. Na extremidade inferior, parece ser um controlador de protocolo em relação ao controlador MP original do NIC. A figura 3.10 apresenta um diagrama simples do esqueleto do controlador IM proposto (unidade PIJ).

Além disso, o PIJ efectua as ligações necessárias aos controladores da miniporta (MP) inferior da placa de rede e ao(s) controlador(es) do protocolo superior (PT). Utilizando o processo de ligação, os protocolos e as miniportas são ligados corretamente para permitir uma grande flexibilidade na configuração de uma rede.

A ordem de ligação determina a se quência em que o sistema operativo executa os protocolos.

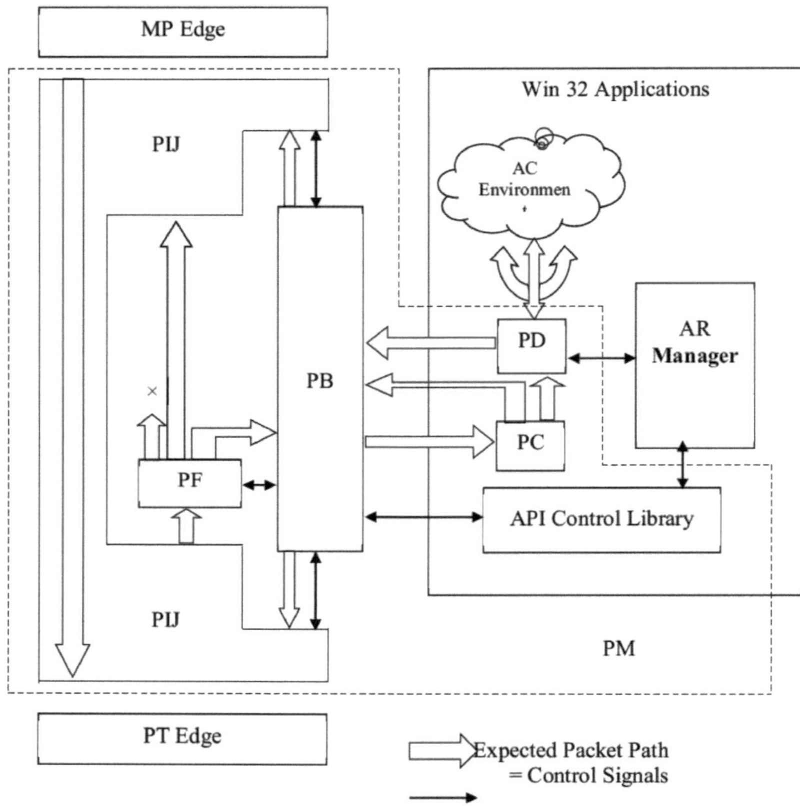

Figura 4.9 Diagrama de blocos da arquitecturaPM

No entanto, o PIJ é composto por duas extremidades (como qualquer outro controlador IM), a extremidade do protocolo (por vezes designada por adaptador físico ou inferior) e a extremidade da miniporta (por vezes designada por adaptador virtual ou superior) (ver secção 3.4.1.2).

A extremidade (superior) da miniporta expõe pontos de entrada da miniporta (função Xxx da miniporta), que o NDIS chama para comunicar os pedidos de um ou mais controladores PT sobrepostos. A extremidade do miniporto, por sua vez, encaminha esses pedidos para o controlador MP NIC subjacente depois de efetuar a interceção e o processamento necessários, se for caso disso. Por outro lado, a extremidade (inferior) do protocolo expõe os pontos de entrada do protocolo (funções Xxx do protocolo), que o NDIS chama para comunicar os pedidos dos MP subjacentes. A extremidade do protocolo, por sua vez, encaminha esses pedidos para os protocolos subjacentes depois de efetuar a interceção e o processamento necessários, se for caso disso.

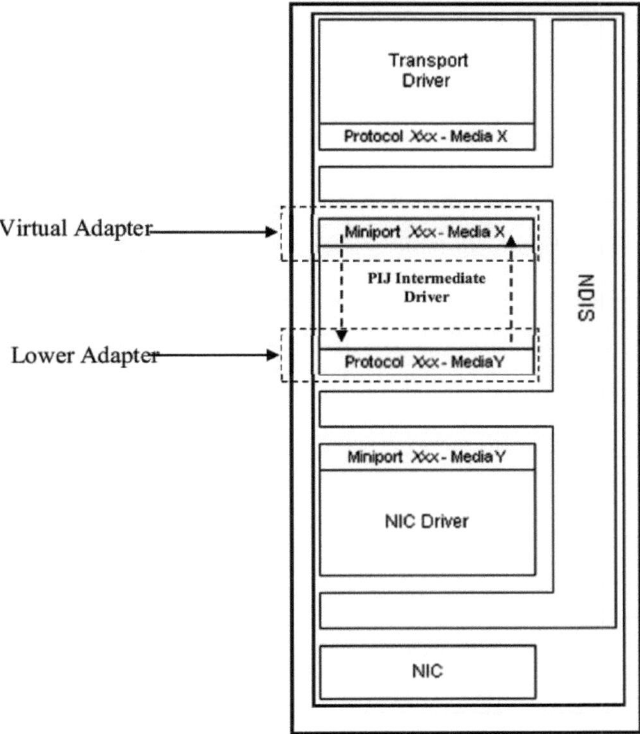

Figura 4.10 Esquema simples do acionador do MI esquelético proposto (unidade PIJ)

O driver MP da NIC subjacente limita os pacotes recebidos da rede à borda do protocolo do PIJ. No entanto, o pacote entregue não é uma simples linha sequencial de bytes. Em vez disso, ele é configurado no driver MP da NIC em uma lista de descritores de memória (MDL), como explicado no próximo parágrafo.

❖ Estrutura do pacote

A estrutura dos pacotes [70] nos condutores de rede é, como mostra a figura 3.11, composta pelo seguinte:

1. Um descritor de pacote que contém áreas privadas para o controlador de NIC MP e um controlador PT, um conjunto de bandeiras associadas ao pacote e cujo significado é definido pelos controladores de miniporta (MP) e de protocolos (PT) cooperantes, o número de páginas físicas que contêm o pacote, o comprimento total do pacote e um ponteiro para o primeiro descritor de buffer que mapeia o primeiro buffer no pacote.

2. Um conjunto de descritores de buffer. Um descritor de buffer descreve o endereço virtual inicial de cada buffer, o buffer, o deslocamento de bytes na página apontada pelo endereço virtual, o número total de bytes no buffer e um ponteiro para o próximo descritor de buffer, se houver.

3. O intervalo virtual, possivelmente abrangendo mais de uma página, que compõe o buffer descrito pelo descritor de buffer. Essas páginas virtuais mapeiam para a memória física.

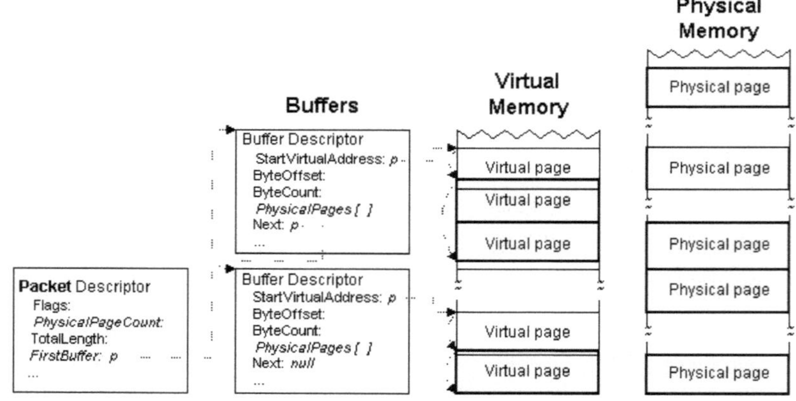

Figura 4.11 Estrutura dos pacotes nos controladores de rede

Deve começar a ficar evidente que não há suposições seguras sobre como um pacote será construído. Em outras palavras, a contagem de descritores de buffer associados ao descritor de pacote não é constante. Até mesmo o número de bits em cada descritor de buffer é variável. A construção real fica a critério exclusivo do software que construiu o pacote em primeiro lugar.

Não só a construção do pacote pode ser variada, como também as funções utilizadas pelo condutor MP para o transmitir ao condutor IM não podem ser rigorosamente esperadas. Ocasionalmente, o pacote pode seguir uma das várias rotas disponíveis para o transferir do condutor MP para o PIJ. Algumas rotas podem deixar passar uma parte do pacote e exigir que se tente apanhar a parte restante. No entanto, depois de um complicado rastreio de mais do que um caminho, é necessário agregar o pacote manipulado.

A extremidade do protocolo do PIJ concebido reenvia o pacote para um novo descritor de pacote, um novo descritor de buffer e uma nova memória. (Cada controlador intermédio deve atribuir os seus próprios descritores de pacotes para substituir os do controlador subjacente. Se um driver IM converte o pacote de um formato para outro, ele também aloca um descritor de buffer para mapear os buffers alocados pelo intermediário, para os quais os dados convertidos são copiados [70]).

A interceção do tráfego na camada de ligação tem a vantagem de tornar o protocolo de rede do sistema independente. Consequentemente, maximiza a flexibilidade do nó ativo ao permitir a extensibilidade da funcionalidade do encaminhador ativo na camada de rede.

O PIJ proposto pode ser carregado (ou descarregado) dinamicamente em tempo de execução (sem interromper todo o sistema). Isto permite à RA ativar (e desativar) dinamicamente a funcionalidade de rede ativa num nó. Note-se que a remoção do intercetor de pacotes desactiva completamente qualquer processamento específico do AR no caminho dos dados.

Neste caso, o PIJ tem uma cópia de um pacote completo. Finalmente, esta cópia é enviada para a fase de filtragem.

3.9.2 Filtro de pacotes

É claro que não é uma boa ideia passar todos os pacotes que passam pelo PIJ para o ambiente AN. O projeto proposto prevê um filtro de pacotes (PF) programável no cabo de leitura. O PF introduz uma lista de intervalos de endereços de origem/destino da rede e uma "ação" a executar nos pacotes que correspondem aos critérios da firewall. As acções podem ser uma combinação de:

- **Bloquear:** Faz com que o PF retire o pacote correspondente do fluxo normal de pacotes.

- **Duplicar:** fazer com que o PF passe uma cópia do pacote recebido para a ponte de pacotes que é a unidade seguinte na AR.

As acções podem ser usadas em combinação. Por exemplo, a combinação das ações Bloquear e Duplicar (chamaremos este caso de ação de "reivindicação") faz com que um pacote correspondente seja redirecionado para a ponte de pacotes e inibido de continuar em sua passagem normal na pilha de rede da AR. Quando utilizada por si só, a ação Duplicar permite que a ponte de pacotes e outras unidades funcionais seguintes monitorizem o pacote, permitindo que este seja automaticamente passado sem perturbar o fluxo normal de pacotes da rede. A posição da unidade PF proposta em relação ao controlador IM foi mostrada anteriormente na figura 3.9.

As acções PF e as entradas addr ess podem ser fornecidas e controladas por uma aplicação no espaço do utilizador. A unidade Packet Bridge (PB) inclui o suporte necessário para permitir esse controlo. O utilizador da aplicação pode preencher um determinado ficheiro que contém os intervalos de endereços de rede de origem/destino que devem ser filtrados, bem como a ação ou o comportamento que necessita de aplicar a esses intervalos de endereços.

Note-se que este filtro é um simples filtro de firewall e é imposto apenas ao endereço de rede. É proposto para simples prototipagem como uma aplicação de amostra. No entanto, pode ser facilmente alargado para incluir outros factores de base. Além disso, o ficheiro de controlo criado no espaço do utilizador pode ser implementado de forma dinâmica e remota por utilizadores finais activos no AR concebido.

3.9.3 Ponte de pacotes

O projeto estabelece a chamada ponte de pacotes (PB) para fornecer os meios de transferência de dados de rede de e para os componentes activos. Convém recordar que as unidades PIJ e PF são colocadas no espaço do kernel do RA proposto. No entanto, para tornar o sistema mais flexível, sugere-se que os componentes do utilizador (UC) sejam carregados no espaço do utilizador do sistema operativo.

Infelizmente, por um lado, esta abordagem tem o inconveniente de os dados da rede terem de ser transmitidos para trás e para a frente entre o SO do nó ativo no espaço do kernel e as UC no espaço do utilizador. Por outro lado, a utilização de processos de utilizador normalizados para os ambientes de execução tem várias vantagens dignas de nota: Em primeiro lugar, o isolamento de falhas de software baseado na memória virtual permite a execução segura de código binário. Isto contorna a necessidade de uma linguagem de programação segura (ou seja, pode ser utilizada qualquer linguagem de programação para a qual esteja disponível a API de encaminhamento ativo proposta) e evita a necessidade de verificações dispendiosas em tempo de execução (por exemplo, verificação de tipos ou de intervalos) ou de restrições baseadas na linguagem (por exemplo, não utilização de ponteiros). Em segundo lugar, a utilização de processos normalizados como base para o ambiente de execução permite a utilização dos mecanismos de encadeamento existentes para o processamento dos componentes activos.

Por conseguinte, o (PB) tem como objetivo o transporte de dos PEA para o modo de utilizador para serem, então, processados pelas UC. Além disso, se necessário, o PB transporta os ADP de volta para o PIJ para serem re-injectados no caminho de encaminhamento predefinido no nó ou enviados diretamente através de uma das interfaces de saída.

3.9.4 Classificador de pacotes

Neste ponto, uma cópia do pacote completo foi capturada e chegou ao Classificador de Pacotes (PC). O objetivo do PC é a discriminação entre os vários tipos de pacotes que podem passar pelo manipulador de pacotes (PM). De facto, estes tipos de pacotes representam os pacotes trocados entre as partes do AN proposto e, por conseguinte, que podem passar pelo AR concebido.

Para serem tratados corretamente, os pacotes devem ser classificados em primeiro lugar. Para clarificar a ambiguidade que pode ocorrer, estes diferentes tipos de pacotes podem ser categorizados da seguinte forma: Pacotes de componentes e pacotes de dados. O PC faz a distinção entre estes tipos e encaminha cada um para o caminho correto. No entanto, os parágrafos seguintes apresentam uma descrição abstrata destes tipos de pacotes.

A) <u>Pacotes de componentes:</u>

O Component Packet (CP) transporta um conteúdo relacionado com o código na sua carga útil. O conteúdo relacionado com o código envolve o código dos componentes do utilizador e as instruções de controlo dos componentes instalados. Apesar de os CPs serem informações que acompanham o AN, não têm cabeçalho ANEP no seu formato.

Com base na definição acima, os CPs são divididos em dois tipos: os pacotes de carregamento e os pacotes de controlo.

A. 1) Carregar os pacotes de componentes:

Upload Components Packet (UCP) é o pacote que transporta o código (ou programa) do componente do utilizador na sua carga útil. É transferido do sistema final privilegiado (PES) para o AR. Relativamente, o código tem um tamanho grande. É necessária mais de uma UCP para transportar o código de um único componente.

A. 2) Pacotes de componentes de controlo:

As UC instaladas na AR podem ser controladas através do envio de pacotes de componentes de controlo (CCP) a partir de um SPE. A arquitetura proposta oferece a possibilidade de desinstalar o componente do utilizador do AR. A substituição do componente mais antigo por um mais recente também é adoptada. A substituição de qualquer componente exige a associação do carregamento de um novo componente na AR. Por conseguinte, neste caso, o CCP deve ser imediatamente seguido de uma série deUCPs que transportam o novo componente.

B)Pacotes de dados:

Este tipo consiste em pacotes que transportam conteúdos relacionados com dados (não código). Podem ser pacotes tradicionais ou activos. No entanto, neste projeto, todos os pacotes tradicionais são considerados pacotes de dados, independentemente da sua carga útil.

B. 1) Pacotes de dados tradicionais:

Os pacotes que são trocados habitualmente nas redes informáticas actuais foram designados neste livro por Pacotes de Dados Tradicionais (TDP). No trabalho proposto, admite-se que este tipo seja transmitido e processado convencionalmente, como se houvesse uma operação de rede não ativa. No entanto, não há nenhuma marca especial que possa ser usada para discriminar esse TDP. A insistência na utilização dos TDPs neste trabalho tem por objetivo a retrocompatibilidade com as redes existentes.

B. 2) Pacotes de dados activos:

Os pacotes de dados activos (ADP) são os pacotes trocados entre os elementos da AN (nós e utilizadores finais). Um cabeçalho ANEP melhorado é inserido no ADP para satisfazer os requisitos da AN do ponto de vista da introdução e composição de serviços. Através da utilização do cabeçalho ANEP, o ADP pode determinar o componente do utilizador adequado a ser processado. O formato do PEA com o cabeçalho ANEP proposto foi explicado na secção 3.10.

Depois de clarificar os vários tipos de pacotes, talvez seja a melhor oportunidade para enunciar os mecanismos aplicados pelo Classificador de Pacotes (PC) proposto. Qualquer pacote pertencente aos Component Packets (CPs) é reinjectado pelo PC no adaptador virtual (miniport edge) do driver de MI (PIJ) concebido. Isto permite que estes pacotes completem o seu percurso até ao distribuidor de componentes. Estes pacotes não estão interessados nos serviços activos introduzidos pelos componentes do utilizador. Além disso, os TDP são alimentados pelo PC ao adaptador virtual para serem processados tradicionalmente no controlador PT.

No sistema proposto, o servidor Windows 2008 funciona como um router tradicional para servir esses pacotes TDP. Apenas os ADP são encaminhados para a unidade de distribuição de pacotes para serem processados ativamente pelo(s) componente(s) do utilizador adequado(s).

3.9.5 Despachante de pacotes

O Distribuidor de Pacotes (PD) é o último da série de entidades Manipulador de Pacotes (PM). O PD define a "rota" através do espaço UC para os ADPs que passam por um nó. O PD desempenha um papel central no processo de composição do serviço. Determina, com base no conjunto de campos de ID de componente (CID) e de composição de serviço do cabeçalho ANEP, que UC(s) estão envolvidas e em que ordem devem processar o ADP.

Uma vez que o processo de despacho é muito autónomo e não interage diretamente com o sistema operativo do encaminhador, foi desenvolvida uma implementação independente da plataforma. O PD é o primeiro e último elemento pelo qual os pacotes passam quando estão a ser processados pelas UCs.

Depois que os componentes do usuário terminam seu processamento nos ADPs, o PD retorna o pacote de volta para a pilha de rede do Windows através do PB. O PB, por sua vez, ou injeta os pacotes em seu caminho de encaminhamento padrão anterior (adaptador virtual) no nó ou os envia (adaptador inferior) diretamente através de uma das interfaces de saída. Se o ADP for reinjectado no adaptador virtual, é aplicada a operação de encaminhamento. É efectuada exatamente como nos routers convencionais, mas aqui utilizando o servidor Windows 2008.

3.10 Composição do serviço

Os encaminhadores activos (AR) que suportam o processamento sequencial de múltiplos programas activos no caminho dos dados (que é um pré-requisito óbvio para arquitecturas flexíveis e extensíveis) têm de abordar as questões da composição de serviços. Um grupo de trabalho especial [103] desenvolveu-se no âmbito do programa de rede ativa da DARPA com o objetivo de investigar e normalizar mecanismos para a composição de serviços activos num único nó ou ambiente de execução (EE).

Um serviço composto é construído a partir de um conjunto de componentes através de um método de composição. O método de composição determina o conjunto de componentes de software necessários para compor um serviço e as ligações para juntar esses componentes.

Um Despachante de Pacotes (PD), que se propõe ser uma parte do Router Ativo (AR), foi concebido para associar os Pacotes de Dados Activos (ADP) que passam por um nó ativo à extensão ativa (ou UC) adequada. Por esta razão, o expedidor utiliza etiquetas explícitas (como parte dos dados reais do pacote, por exemplo, ANEP) ou os cabeçalhos originais do pacote. Nesta última opção, pode ser utilizado um mecanismo mais genérico que permita a classificação de dados de pacotes arbitrários. Neste último caso, os pacotes podem ser classificados de forma transparente e atribuídos a cálculos activos, sem necessidade de marcação explícita. Assim, a computação ativa pode ser aplicada de uma forma totalmente transparente, sem o envolvimento dos sistemas finais. No entanto, a ANEP foi proposta como um meio de atribuir pacotes que passam por um nó de rede a cálculos activos.

3.10.1 Utilização da ANEP na composição do serviço

Apesar da década que passou desde o seu lançamento, a ANEP raramente foi desenvolvida ou mesmo utilizada. Penso que a razão para tal é o facto de o domínio das redes activas (RNA) ser um campo novo e de as poucas investigações existentes estarem ainda na sua fase inicial.

Em todos estes pequenos projectos que utilizam o protocolo ANEP, existe uma diferença na análise do campo type ID. O documento original da ANEP [31] diz que este campo descreve o ambiente em que os pacotes são processados ativamente.

Neste contexto, os investigadores que utilizam a abordagem de pacotes activos (como o projeto ANTS [21]) interpretam a identificação do tipo como uma referência à EE única utilizada nos seus projectos. Normalmente, apenas uma EE é utilizada na abordagem de pacotes activos das redes activas.

Por outro lado, os investigadores que exploram a abordagem das extensões activas interpretam de forma diferente o significado de Ambiente de Execução (EE). Alguns deles [53, 54] afirmam que existe apenas um EE no seu projeto e outros [29] atribuem um EE a cada conjunto de protocolos (por exemplo, um EE para IP/TCP e outro para IPX/SPX... etc.).

Alguns trabalhos sugerem melhorias limitadas à ANEP original inal. O projeto TAN [103], por exemplo, sugere a anulação de todos os campos de cabeçalho da ANEP, exceto os campos de ID da versão e do tipo. Além disso, expande o campo de ID do tipo e chama-lhe "seletor". O seletor no projeto TAN é utilizado para identificar o fluxo a que pertence o pacote ativo. Por conseguinte, cada fluxo de pacotes é atribuído a uma EE adequada. A adequação da EE é determinada em função de determinados campos dos cabeçalhos dos protocolos tradicionais existentes (como IP, UDP, etc.).

Por outro lado, R.keller [104] propõe acrescentar um novo campo ao cabeçalho ANEP básico. Este campo é semelhante ao que é utilizado no IPv6[28]; é um campo de "cabeçalho seguinte". É utilizado para indicar o tipo do cabeçalho ou opção seguinte que deve vir depois deste cabeçalho ANEP.

No entanto, as duas melhorias acima referidas são soluções orientadas para o vídeo e não soluções gerais. A classificação dos pacotes em fluxos e a utilização do esquema do "cabeçalho seguinte" são normalmente utilizadas para melhorar o desempenho das aplicações em tempo real através da diminuição do atraso na rede. Estas técnicas não estão orientadas para a flexibilidade da introdução de serviços gerais.

Neste projeto, sugere-se que o campo de identificação do tipo se refira à contagem de componentes (CC) que serão compostos para obter o serviço necessário. A interpretação é detalhada na secção seguinte.

3.10.2 Reforçar a ANEP

O cabeçalho básico da ANEP [31] especifica um campo de 16 bits para a identificação do tipo de uma única EE que deve processar os pacotes de dados activos (ADP) no AR. Mas, neste livro, o conceito de serviços baseados em componentes está previsto para obter uma boa flexibilidade na introdução de funcionalidades para os ADP. Isto significa que podemos ter um ambiente de execução múltipla (em que cada um representa um único componente) ou um único EE (contém todas as UCs instaladas).

Nas duas hipóteses, existe uma limitação na determinação do(s) componente(s) e da ordem adequada para processar as PEA. De acordo com o cabeçalho básico da ANEP, o campo de identificação do tipo na PEA de entrada só pode atribuir um componente para ser processado. Esta é uma grande restrição. Isto impedirá que o RA seja realmente ativo e flexível. Além disso, pode enfraquecer ou omitir o princípio dos serviços baseados em componentes na RA; os serviços que requerem mais de um componente não podem ser realizados desta forma. Por conseguinte, são apresentadas a seguir duas propostas para melhorar a ANEP original e ultrapassar esta limitação.

3.10.2.1 Proposta 1 da ANEP

Utilizando a mesma estrutura ANEP, mas atribuindo uma identificação de tipo única não só para cada componente individual, mas também para cada combinação de 2 ou mais componentes com várias sequências. Por exemplo, se houver dois componentes (nomeadamente A e B) instalados no RA, a codificação do campo de identificação do tipo, para atribuir um deles ou ambos, é apresentada no quadro 3.1. A declaração (A then B) que aparece na tabela 3.1 significa que o pacote ativo gostaria de entrar primeiro no processamento do componente A e depois no componente B. Trata-se de um método simples de composição de serviços. No entanto, o mesmo contexto pode ser seguido para três ou mais componentes.

Quadro 3.1 Codificação da identificação do tipo de componente ativo da proposta

1.

Nome do componente	Tipo ID
A	1
B	2
A depois B	3
B então A	4

3.10.2.2 Proposta ANEP 2

Neste caso, o campo de ID do tipo não é utilizado para indicar exatamente o componente ativo, mas é explorado para indicar o número de componentes activos que podem ser compostos para introduzir o serviço no pacote ativo. O ID do componente (CID) dos próprios componentes é descrito num novo campo de comprimento variável proposto, a que chamamos campo "composição do serviço". É colocado depois do cabeçalho básico e antes do campo de opções. Este novo campo consiste nos CIDs dos componentes que devem ser compostos para criar o serviço ativo necessário.

A sequência em que os CIDs aparecem no campo de composição do serviço é considerada como a sequência dos componentes que serão compostos no nó ativo da rede. O formato ANEP proposto é apresentado na f igura 3.12. Utilizando este formato, a falta de capacidade de composição de serviços no ANEP original pode ser evitada.

Por exemplo, se um pacote ativo quiser ser processado por três componentes, ou seja, os componentes 4, 6 e 3, respetivamente, nesse caso, o campo de identificação do tipo (a que chamamos campo de contagem de componentes "CC") conterá o número de componentes a visitar (que é 3) e o campo de composição do serviço conterá os CID dos componentes 4, 6 e 3, respetivamente.

0	15 16	31
version	Flags	Component Count
ANEP Header Length		ANEP Packet Length
Service composition		
options		
payload		

Fig3.12 Formato da proposta 2 da ANEP

Formato do campo Composição do serviço:-

O formato proposto para o campo de composição do serviço é apresentado na figura 3.13. Está dividido em vários subcampos, cada um dos quais contém um CID do componente a processar e o seu comprimento é de 16 bits. A ordem dos CIDs dos componentes significa a sequência em que os componentes serão chamados e executados neste pacote ativo no nó de rede ativo. Conceptualmente, o número de componentes que podem ser atribuídos no campo de composição do serviço é limitado pelo valor do campo CC, que não é superior a 2^{16} como limite máximo.

0 15	16 31
1st component ID	2nd component ID
3rd component ID	....
....	....
......	

Fig 3.13 Formato do campo "composição do serviço

À primeira vista, pode pensar-se que o campo de identificação do componente, com 16 bits de comprimento, de cada componente causará uma grande sobrecarga no sistema, especialmente se for necessário compor um grande número de componentes para fornecer o processamento adequado ao pacote. No entanto, isso não é verdade, porque normalmente os componentes que precisam de ser compostos não podem exceder cerca de 10 componentes (ou seja, cerca de 20 bytes de sobrecarga apenas dos 1500 bytes de comprimento do pacote do protocolo IP).

Por exemplo, um serviço comum como o encaminhamento e o encaminhamento IPv4 pode necessitar de 5 ou 6 componentes (de acordo com o projetista dos componentes) para efetuar a integridade do pacote, a diminuição do TTL, o cálculo do CRC, a consulta da tabela de encaminhamento e, finalmente, o encaminhamento para o próximo salto (ou destino) adequado. O subcampo de ID do componente é escolhido com 16 bits de comprimento para ser compatível com o comprimento do ID do tipo do formato ANEP original.

3.10.2.3 Discussão

A proposta 1 para melhorar a base ic ANEP tem duas vantagens e duas desvantagens:

❖ *Vantagens:*

1- Funcionalidade melhor do que o formato ANEP original, uma vez que proporciona uma composição de serviços de um e de vários componentes com ordem controlada.

2- Relativamente, não é necessário tempo de processamento adicional em relação ao ANEP original, uma vez que são utilizados os mesmos campos.

❖ *Desvantagens:*

1- A gama de ID de tipo disponível para identificar componentes é reduzida devido à gama que é desperdiçada ao abranger os ID de composição de serviços multicomponentes com várias ordenações.

2- Os componentes activos e os serviços compostos são oferecidos pelo conceptor ou administrador do nó ativo e não pelo utilizador ativo da rede que constrói o pacote ativo. O conceptor do nó ativo, por qualquer razão, pode não oferecer todas as probabilidades de serviços que podem ser compostos por diferentes componentes ou pode impor uma taxa (dinheiro) por serviços específicos. Isto pode representar uma contradição com a ideia de rede ativa que depende, tanto quanto possível, da transferência da capacidade de programação do administrador do nó ativo para os utilizadores privilegiados, para maior flexibilidade.

Por outro lado, a proposta 2 da ANEP apresenta três vantagens e duas desvantagens:

❖ *Vantagens:*

1- Tal como na proposta 1 da ANEP, tem uma funcionalidade melhor do que o formato original da ANEP, uma vez que fornece uma composição de serviço único e multicomponente com ordem controlada.

2- Mantém a vasta gama do campo de identificação do tipo, fornecendo um campo de 16 bits para cada componente individual no campo de composição do serviço. Esta propriedade apoia o princípio baseado em componentes do nó de rede, mantendo a capacidade de criar diferentes serviços úteis através de pequenos componentes de programa.

3- O utilizador final privilegiado da rede ativa (ou o produtor ou instalador de pacotes) seria ele próprio o compositor dos serviços e não o conceptor ou administrador do nó ativo. Isto demonstra que o utilizador final é o primeiro beneficiário da ideia de rede ativa.

❖ *Desvantagens:*

1- A sobrecarga é superior à dos formatos ANEP original e da proposta ANEP 1 devido ao campo adicional de composição do serviço.

2- Exige mais tempo de processamento do que os formatos ANEP original e ANEP proposta 1 devido ao novo campo de composição do serviço anexado e ao campo CC.

O quadro 3.2 apresenta uma breve comparação entre o formato original da ANEP e as duas propostas de melhoria da ANEP.

3.10.3 Conclusão

De acordo com a discussão acima, é evidente que a proposta 2 para melhorar o cabeçalho básico da ANEP é preferível. Por conseguinte, a proposta 2 será adoptada em todo o trabalho apresentado neste livro. Uma das contribuições da AR proposta é o novo esquema de composição de serviços para serviços activos. Este esquema desempenha um papel central na arquitetura global, uma vez que constitui a base para a extensibilidade flexível e dinâmica da RA.

Quadro 3.2A Breves comparações entre a ANEP e as propostas 1 e 2 da ANEP

	ANEP original	Proposta 1 da ANEP	Proposta ANEP 2
1	Serviços de componente único.	Serviços monocomponentes e multicomponentes	Serviços monocomponentes e multicomponentes
2	funcionalidade justa	melhor funcionalidade	melhor funcionalidade
3	Exigir o tempo de processamento original da ANEP	Sem tempo de processamento adicional	Exigir mais tempo de processamento do que o original
4	Ampla gama de identificação de tipos.	Intervalo de ID de tipo inferior ao original	gama de ID de tipo alargado
5	Os serviços são limitados porque dependem de um único componente	Os serviços são flexíveis mas oferecidos pelo administrador do nó ativo	Os serviços são flexíveis porque são totalmente controlados pelo utilizador final
6	Sobrecarga de bits original	Semelhante à sobrecarga de bits original	Os custos gerais são maiores do que os originais

A prestação de serviços baseados em componentes na AR proposta tem por objetivo uma plataforma flexível para a funcionalidade da rede. Os serviços são compostos por muitos componentes leves que acrescentam apenas uma funcionalidade limitada ao serviço global. A técnica de composição simplifica a constituição de serviços personalizados e adaptados. Os serviços de rede podem ser configurados para responder melhor às necessidades das aplicações. A nível do serviço, o campo de composição do serviço do cabeçalho ANEP melhorado permite que os componentes activos se integrem dinamicamente em composições de serviços cal.

A composição do serviço previsto é largamente orientada para os pacotes. Dependendo do conteúdo do cabeçalho ANEP, pode ser composto um serviço global diferente para o processamento desse pacote. As unidades PC e PD desempenham, portanto, um papel central no processo de composição do serviço. Determinam, com base no conjunto de comparações de cabeçalhos, se um pacote que passa pela AR requer ou não um processamento ativo, que componente(s) são invocados e por que ordem devem processar o pacote.

A composição do serviço neste sistema proposto é um processo cooperativo baseado em ligações dinâmicas e condicionais de componentes. Trata-se de um processo cooperativo, uma vez que os nós AN permitem que utilizadores independentes da rede (controlados por políticas de segurança locais) instalem UC que correspondem aos mesmos fluxos de dados ou subconjuntos de fluxos. O protocolo PD e ANEP fornece os meios para que os utilizadores independentes integrem novas funcionalidades ou serviços activos de forma significativa, sem terem de conhecer ou preocupar-se com as interfaces de componentes das UC instaladas por outros utilizadores.

O facto de os serviços activos serem compostos através da inserção ou remoção do cabeçalho ANEP (ou parte dele) em tempo de execução torna as ligações entre componentes altamente dinâmicas. Uma vez que a composição do serviço depende dos dados contidos nos pacotes, as ligações são designadas por condicionais. Uma ligação só está em vigor quando o CID dos componentes de ligação corresponde a um pacote de dados. A composição do serviço no âmbito do AR é, por conseguinte, um processo que tem lugar por pacote.

3.11 Modos de funcionamento

De acordo com a arquitetura especificada, podem ser reconhecidos quatro modos de funcionamento da AN proposta: Upload, Controlo, Dados Activos e Dados Tradicionais. Os dois primeiros modos dizem respeito à componente do utilizador (UC), enquanto os restantes se centram na transmissão de pacotes de dados.

3.11.1 Upl oad Mode

O modo de carregamento do funcionamento do AN visa a transferência de uma ou mais UC(s) de um dos sistemas finais privilegiados (PES) para o encaminhador ativo (AR). O sistema proposto depende da abordagem "demand-push" no carregamento de UC; ou seja, o utilizador final privilegiado (PEU) deve gerar a sua própria UC (se necessário) e depois dar instruções ao cliente distribuidor de componentes (CD) para a transferir para o AR (ver figura 3.14).

Por sua vez, o servidor de CD na AR instala a UC recebida na memória permanente pré-alocada. Cada UC está associada a um ficheiro de configuração para facilitar o controlo da UPE sobre o seu componente. Este modo de funcionamento não implica qualquer transmissão para além da AR periférica.

3.11.2 Modo de controlo

Para flexibilizar a programabilidade e, consequentemente, a funcionalidade do RA, está envolvido o modo de controlo do funcionamento da AN. O seu objetivo é o controlo das UCs previamente instaladas. Este modo não consiste em qualquer transmissão efectiva de código ou de dados; apenas envolve pacotes de comandos emitidos pelo cliente CD no sistema final (ES) e implementados pelo servidor CD no AR.

Consequentemente, o modo de controlo consiste em instruções para desinstalar (apagar) uma UC na íntegra (ficheiro de código e ficheiro de configuração) ou substituí-la por uma nova (pode ser uma nova versão da UC), de modo a que tenha o mesmo identificador de componente (CID) da mais antiga. Neste último caso, a UPE pode substituir apenas a sua própria UC e não outras. Além disso, pode substituir a UC parcialmente (ou seja, apenas o ficheiro de código ou apenas o ficheiro de configuração da UC).

Em qualquer das situações de substituição indicadas, tais comandos de controlo devem ser seguidos diretamente por um Modo de Carregamento para transferir a nova UC substituída (ou ficheiro). A Figura 3.15 ilustra o percurso lógico dos comandos de controlo e a forma como estes afectam as UC pré-instaladas. Mais uma vez, o modo de controlo não envolve qualquer transmissão real de código ou dados de rede.

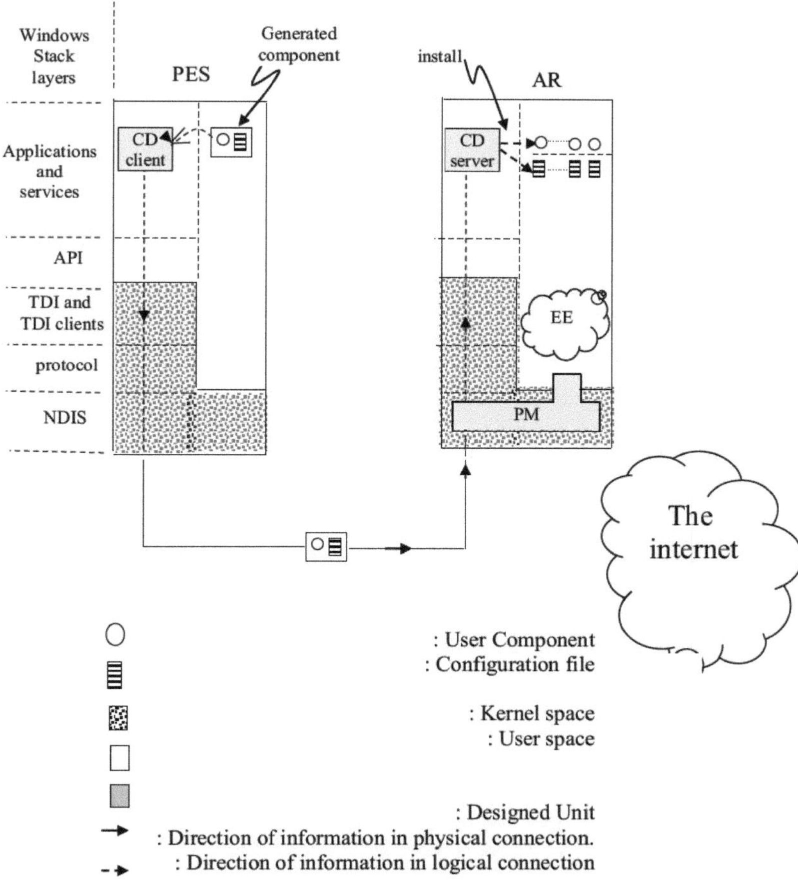

Figura 4.14 Modo de carregamento de componentes

3.11.3 Modo de dados activos

Este modo representa o funcionamento previsto da AN projectada. Constitui a transmissão de pacotes de dados activos (ADP) entre a Internet e qualquer sistema final (ES) na LAN de destino (em ambos os sentidos), passando pelo AR de extremo. O ADP contém, como sugerido na secção 3.10 do sítio , um cabeçalho ANEP.

Ao passar pelo AR, os ADP são manipulados de forma inteligente pela unidade Packet Manipulator (PM) e (se necessário) processados ativamente no ambiente de execução. O processamento ativo é conseguido chamando e executando a UC apropriada no conteúdo dos ADP. Os ADP são as unidades de dados de protocolo que se espera que sejam trocadas entre as aplicações dos ES da AN. A figura 3.16 apresenta uma ilustração simples do modo de dados activos.

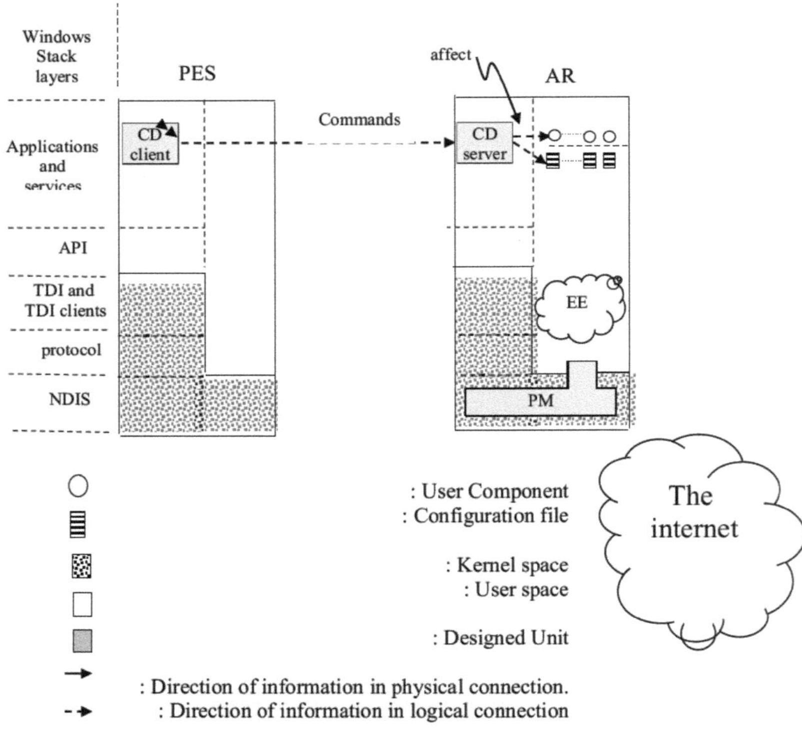

Figura 4.15 Controlo Modo componente

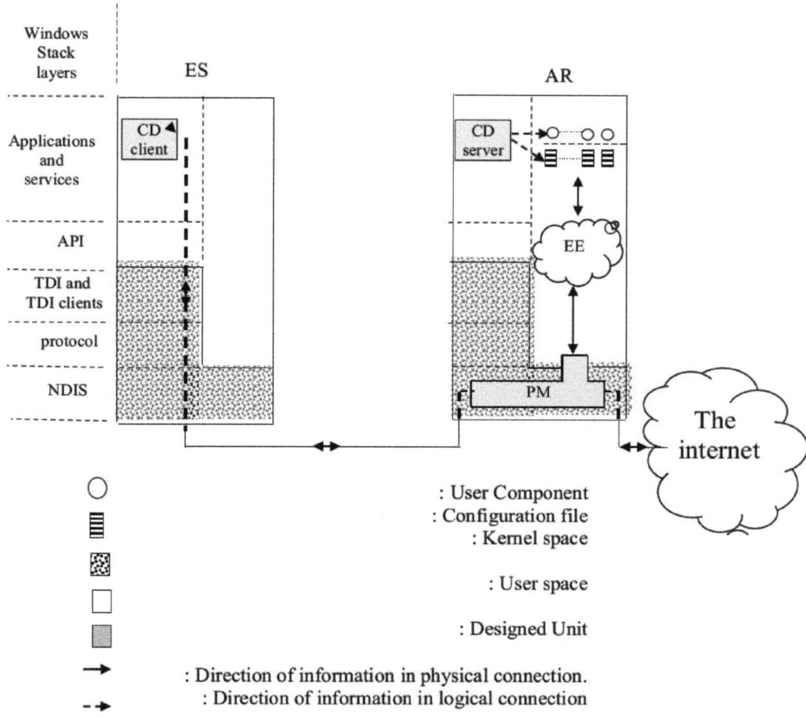

Figura 4.16 Modo de dados activos

3.11.4 Modo de dados tradicional

O modo de dados tradicional envolve a troca de informações entre os membros da rede de uma forma não ativa. É adotado, principalmente, para manter a compatibilidade com as redes informáticas existentes. Os pacotes transferidos neste modo são exatamente os mesmos que são utilizados nas actuais redes informáticas tradicionais.

Como mostra a figura 3.17, os Pacotes de Dados Tradicionais (TDPs), ao passarem pelo AR, são direcionados para a camada de protocolo do Windows. No Windows, essa camada (nas versões de servidor) é responsável por encaminhar e direcionar os pacotes de forma convencional, como qualquer roteador independente.

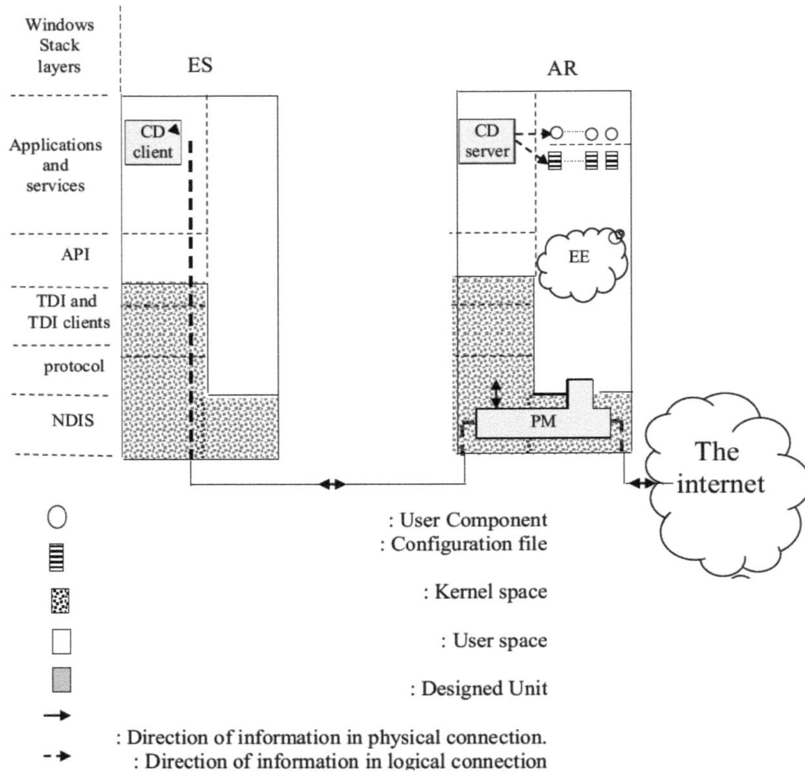

Figura 4.17 Modo de dados tradicional

3.12 Comparação com a arquitetura DARPA

Tal como referido na secção 2.5, o Grupo de Trabalho sobre Redes Activas da DARPA (ANWG) [27] define as partes fundamentais de um nó ativo e o modo como interoperam. A funcionalidade está dividida no sistema operativo do nó ativo (NodeOS) e no ambiente de execução (EE). Enquanto o NodeOS gere e controla o acesso aos recursos locais do nó e às configurações do sistema, o EE implementa as API da rede ativa suportadas pelo nó.

Embora o quadro de arquitetura da DARPA considere apenas a abordagem integrada (não visa a abordagem discreta que é utilizada neste livro), é considerado por muitos investigadores como uma norma de facto.

3.12.1 NodeOS ativo

O Active NodeOS proposto dá acesso a serviços de sistema de baixo nível (por exemplo, configurações de dispositivos) e a recursos locais dos nós. O NodeOS da AR coloca uma funcionalidade específica da AN no topo do SO do encaminhador. Embora tenha sido concebido como uma camada extra sobre o SO do encaminhador para obter independência de plataforma, a arquitetura está estreitamente integrada no SO do encaminhador por razões de controlo e eficiência. Uma forte integração com o SO anfitrião confere ao NodeOS controlo total para implementar funcionalidades a nível do sistema, como o tratamento de pacotes e a gestão de recursos, e permite um elevado desempenho do processamento ativo.

Como ilustrado na figura 3.18, as unidades centrais do AR NodeOS concebido são o Packet Intercetor/injetor (PIJ), o Packet Filter (PF), o Packet Classifier (PC) e a unidade Packet Dispatcher (PD). O documento original do NodeOS [30] não impõe qualquer restrição quanto à localização das unidades do NodeOS (ou seja, se estão no kernel ou no espaço do utilizador). Apesar de o Packet Bridge (PB) representar o canal para pacotes e pedidos de aplicações entre o kernel e os modos de utilizador, vamos considerá-lo como parte do NodeOS. O PB expõe APIs para o gerenciador de AR. A Figura 3.18 também mostra que a funcionalidade padrão do SO (gerenciamento de memória, agendamento de threads ... etc) pode ser facilmente reutilizada pelo NodeOS ativo.

Este trabalho obedece relativamente aos princípios de conceção da interface do NodeOS mencionados na secção 2.6.2. Inicialmente, a interface fornece principalmente um acesso orientado para a comunicação (e não para as comp utações) aos recursos de rede de baixo nível. O seu principal objetivo é enviar/receber e passar/apagar pacotes. Em segundo lugar, a funcionalidade e os mecanismos que não se destinam ao processamento ativo são emprestados pela unidade PB da camada NDIS. Por outro lado, as funcionalidades destinadas ao processamento ativo (por exemplo, definição de PF e interfaces de programação de pacotes de leitura/escrita) são realizadas utilizando novas API expostas pela unidade PB. Em terceiro lugar, a API NdisRequest oferecida pela unidade PB pode ser alargada de acordo com a base de informações de gestão (MIB) exposta pela camada NDIS do Windows [70]. O utilizador de RA pode explorar a vasta gama de informações e interfaces expostas pela camada NDIS utilizando, simplesmente, a API NdisRequest. O programador da AN será capaz de decidir as acções adequadas de acordo com a MIB do estado da rede.

3.12.2 Ambiente de execução

De acordo com a definição da DARPA [27], a EE fornece os serviços computacionais (por exemplo, uma máquina virtual ou um interpretador de código) para pacotes activos. Neste contexto, a memória permanente que armazena em cache as UCs e a memória que é alocada para a execução das UCs representam a EE deste trabalho. Para além disso, o sistema operativo Windows assegura pelo menos uma thread como recurso de processamento para cada UC quando carregada na memória. Estes ciclos de processamento fornecem os serviços computacionais para a EE em análise.

O PD é responsável por determinar a UC adequada que será executada na EE. A intercomunicação entre UCs (ou EE de cada UC) é da responsabilidade exclusiva do DP. Não existe qualquer relação direta entre duas EEs. O cabeçalho ANEP é utilizado como descrição do filtro de pacotes que deve ser incluído nos pacotes activos quando se dirigem à EE.

Como foi referido na secção 2.5.2, as EE exigem uma documentação publicamente disponível sobre a forma de programar os nós activos (ou seja, a especificação da interface de programação exposta pela EE). No RA proposto, parte-se do princípio de que existe um organismo público pertencente à comunidade AN responsável pela atribuição de um determinado Identificador de Componente (CID) para cada UC desenvolvida por uma UPE ou por um terceiro de software.

3.12.3 Discussão

Embora a arquitetura de nós activos da DARPA descrita nesta secção seja amplamente respeitada e frequentemente considerada a norma de facto para as redes activas, a arquitetura é apenas parcialmente útil, uma vez que está amplamente adaptada à abordagem de pacotes activos nas redes activas. A abordagem de extensão ativa das redes activas é simplesmente ignorada. Consequentemente, a arquitetura restringe a programabilidade ativa à funcionalidade fornecida pela interface de programação da(s) EE de alto nível disponível(eis) num nó e não mais do que isso. Pode ficar claro ao longo deste trabalho que a arquitetura DARPA carece de outras caraterísticas importantes, como um meio transparente de aplicar a computação ativa a fluxos de dados de aplicações convencionais e um quadro de composição flexível para garantir serviços activos.

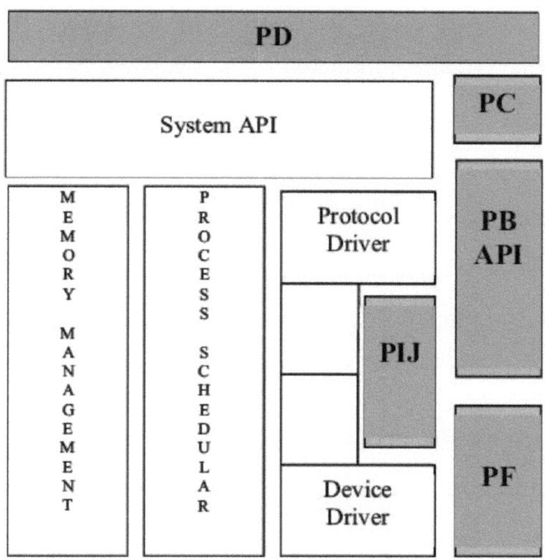

Fig 4.18 Diagrama de blocos doNodeOS do RA proposto

Capítulo 4
Aplicação

4.1 Visão geral

Este capítulo descreve os esforços em curso para conceber uma realização prototípica da arquitetura de router ativo (RA) proposta. O capítulo anterior apresentou a conceção desta nova arquitetura. Devido à extensão da arquitetura AR, as implementações do protótipo centram-se principalmente na validação dos principais aspectos da arquitetura através da implementação.

Após uma discussão sobre potenciais plataformas de encaminhadores para a implementação da AR na secção 4.2, este capítulo descreve a implementação dos principais componentes da arquitetura. Os detalhes da implementação são discutidos começando com a parte do Distribuidor de Componentes na secção 4.3. Segue-se a implementação do Manipulador de Pacotes (secção 4.4). O funcionamento da rede ativa (como um todo) é ilustrado na secção 4.5. A aplicação de técnicas adequadas de segurança e proteção é apresentada nas secções 4.6 e 4.7, respetivamente. A secção 4.8 discute os esquemas úteis de depuração e teste do nosso sistema prototípico.

4.2 Plataformas de router

A arquitetura AR proposta coloca a funcionalidade específica da rede ativa no topo de uma plataforma de encaminhador existente. O NodeOS da AR está estreitamente integrado no sistema operativo do encaminhador, a fim de obter o controlo total do sistema e maximizar o desempenho (por exemplo, para acesso aos recursos, manipulação de pacotes). Consequentemente, a utilização de um sistema operativo de fonte aberta ou de fonte disponível é vital.

Uma vez que os routers autónomos convencionais são normalmente sistemas comerciais fechados, é praticamente impossível obter acesso ao software ao nível da fonte. O código-fonte do software do router é considerado o ativo secreto do fabricante e, por conseguinte, está bem protegido. Por um lado, os fabricantes de routers receiam que esse código possa cair nas mãos dos seus concorrentes, o que lhes daria acesso barato a novos desenvolvimentos. Por outro lado, os fabricantes de routers não querem que terceiros possam alargar o software do router, a fim de garantir a atividade futura da empresa. Por conseguinte, estes sistemas não são pragmáticos para serem utilizados como plataforma subjacente para a RA .

Em vez disso, os sistemas de encaminhamento baseados em sistemas operativos de base foram considerados como ponto de partida para a implementação do protótipo da RA. A integração do suporte de rede ativo com um sistema operativo de base é também vantajosa, uma vez que o RA pode evoluir em paralelo e ainda tirar partido das melhorias introduzidas no sistema operativo normalizado.

Consequentemente, as implementações do protótipo de RA descritas neste capítulo estão a ser construídas com base no servidor Windows 2003 da Microsoft (que suporta a funcionalidade básica de encaminhamento como parte do núcleo do sistema operativo). Apesar do facto de o Windows ser um sistema operativo comercial e de código não aberto, existem portas estreitas que podem ser exploradas para inserir o software necessário no kernel. Como já foi referido, o Windows Driver Model (WDM) [70] permite o carregamento dinâmico de controladores e a execução de tais extensões no espaço do kernel do SO Windows. Esta técnica pode ser utilizada no Windows para alargar dinamicamente a funcionalidade do kernel.

Foi adoptada uma abordagem modular para a conceção do NodeOS ativo. Os módulos do NodeOS são implementados como uma série de "controladores de dispositivos virtuais". A abordagem modular proporciona uma separação relativamente limpa entre o NodeOS ativo e o resto do kernel. No entanto, o mais importante é que esta separação também introduz um elemento de segurança e permite uma extensibilidade dinâmica. Os controladores de dispositivos virtuais podem ser carregados e removidos dinamicamente sem afetar o resto do sistema. Assim, se ocorrer um problema, o mau funcionamento dos componentes de RA pode ser removido e reinicializado sem afetar todo o sistema.

4.3 Implementação do distribuidor de componentes

O Windows 2003, tal como a maioria dos sistemas operativos Windows, fornece suporte para o conjunto de protocolos TCP/IP sob a forma de um único componente que pode ser instalado a partir do painel de controlo do Windows. Este componente único instala todos os protocolos básicos necessários para transmitir dados através da rede, incluindo IP, TCP e UDP. Os clientes TCP/IP da Microsoft também fornecem suporte para protocolos auxiliares, como ICMP, ARP, DHCP e clientes WINS. Além disso, o cliente Microsoft TCP/IP inclui utilitários como Arp.exe, Route.exe, ping.exe e trace.exe e s, bem como programas clientes FTP e Telnet.

As aplicações da Internet, como os navegadores Web, os clientes FTP e os leitores de correio eletrónico, dependem todas do protocolo TCP para trocar, sem erros, grandes quantidades de dados com os servidores. O FTP utiliza as portas TCP 20 e 21. Praticamente todos os sistemas operativos que suportam TCP/IP incluem um cliente de FTP, mas o utilizador pode ter de passar cuidadosamente pelo processo de ligação a um servidor de FTP. O utilizador pode sempre lançar o cliente FTP a partir da linha de comandos. De um modo geral, os computadores Windows não necessitam de FTP para comunicações na LAN, porque podem aceder diretamente aos ficheiros partilhados nos outros computadores.

Todos os computadores Windows têm clientes de FTP baseados em caracteres, mas as compatibilidades do servidor de FTP estão integradas na aplicação Internet Information Server (IIS), incluída nos servidores Windows 2003 e Windows NT. O servidor de informação Internet (ISS) fornece serviços Internet, como a World Wide Web, para além de servidores FTP. Na terminologia do Windows NT e superior, um serviço é um programa que é executado continuamente em segundo plano enquanto outras operações estão a decorrer ao mesmo tempo. A maioria das capacidades de rede no Windows NT e superior, e particularmente as funções de servidor, são fornecidas por serviços. Na maioria dos casos, o utilizador configura os serviços para serem carregados quando o sistema arranca e permanecem carregados e em execução mesmo quando os utilizadores iniciam e terminam a sessão no computador. Alguns dos serviços do Windows são instalados por defeito aquando da instalação do Windows e outros são opcionais. O ISS é um dos serviços opcionais.

A Figura 4.1 mostra um ecrã de cliente para FTP. Todas as versões do Windows (Windows 95 e superior) incluem o cliente FTP tradicional baseado em caracteres. Este é um dos utilitários que é copiado para o sistema quando o conjunto de protocolos TCP/IP é instalado.

Neste trabalho, o servidor de CD no AR é implementado explorando a facilidade do servidor FTP do Windows. Por outro lado, o cliente CD no SPE não é implementado utilizando o cliente FTP que já está disponível no sistema operativo Windows.

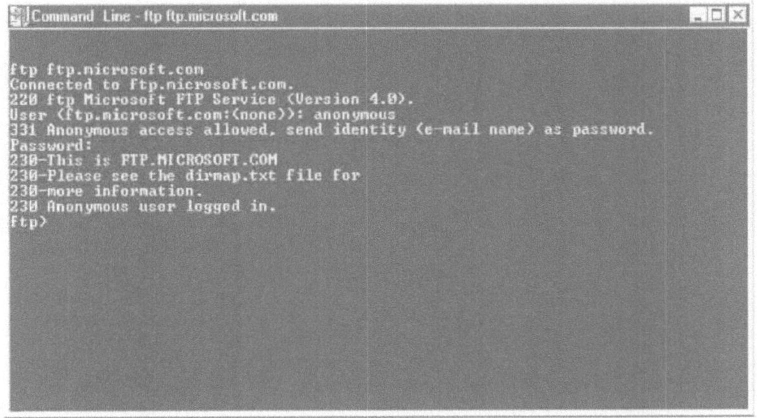

Figura 4.1 Ecrã do cliente FTP baseado em caracteres

Em vez disso, é implementado um novo cliente de CD que utiliza o protocolo FTP com GUIs associadas para maior flexibilidade e controlo. Isto deve-se ao facto de o cliente FTP ser um cliente muito fraco do ponto de vista da interface com as UPE. Não dispõe de diálogos fáceis para serem utilizados pelos utilizadores da AN.

4.3.1 Servidor de CD

Para evitar a necessidade de "reinventar a roda", o servidor de CD é implementado utilizando o servidor FTP fornecido pelo servidor Windows 2003. O serviço FTP já está disponível, mas não está ativado. Para ativar esta funcionalidade, é necessário fazer duplo clique sobre o Serviço de Informação Internet (IIS) na caixa de diálogo Adicionar Remover Componentes do Windows. Na caixa de diálogo IIS, deve ser selecionado o serviço FTP (ver Figura 4.2). Nesse caso, a capacidade de servidor FTP está agora a funcionar no computador AR. A pasta predefinida utilizada para armazenar em cache as UCs no servidor FTP está localizada em C:\Inetpub\FTProot.

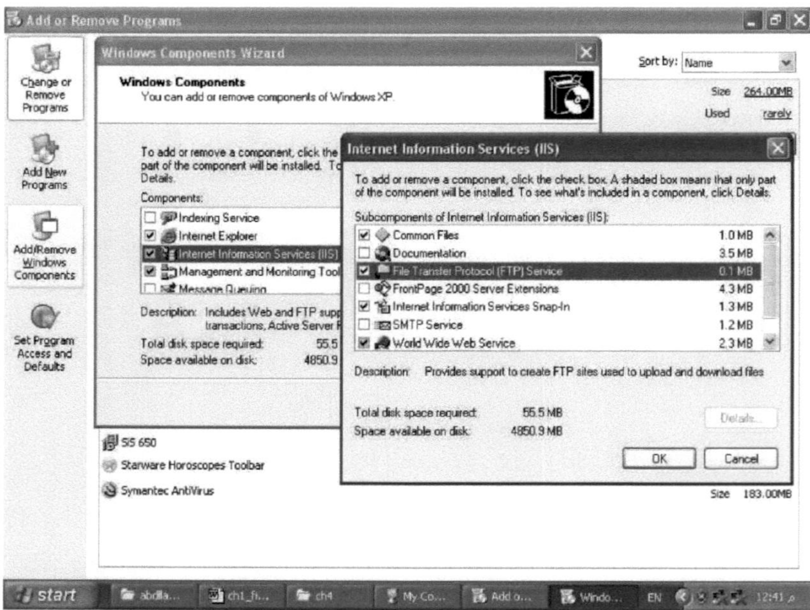

Figura 5.2 ativação do servidorFTP no sistema operativo Windows

Qualquer cliente FTP pode, até agora, apenas visitar esta pasta, mas não pode ler ou escrever ficheiros nela. Para permitir a leitura e escrita em UCs na pasta raiz do FTP, as caixas Ler e Escrever devem ser marcadas no diretório inicial das propriedades do servidor FTP. As propriedades do servidor FTP podem ser acedidas a partir do serviço IIS nas ferramentas administrativas do painel de controlo. A Figura 4.3 mostra como o programador pode ativar as capacidades de leitura e escrita do servidor FTP.

4.3.2 Cliente CD

Para obter uma boa visão das UCs geradas no lado do PES e das UCs instaladas no lado do AR e para obter mais flexibilidade no empacotamento e transferência de componentes, é implementado um novo cliente CD. Este cliente é baseado no padrão FTP e programado usando a linguagem VC6. A programação do cliente CD baseia-se em cinco classes C++. Estas classes são: CMainView, CWinSock, CStreamSocket, CFTPConnect e CMainFrame.

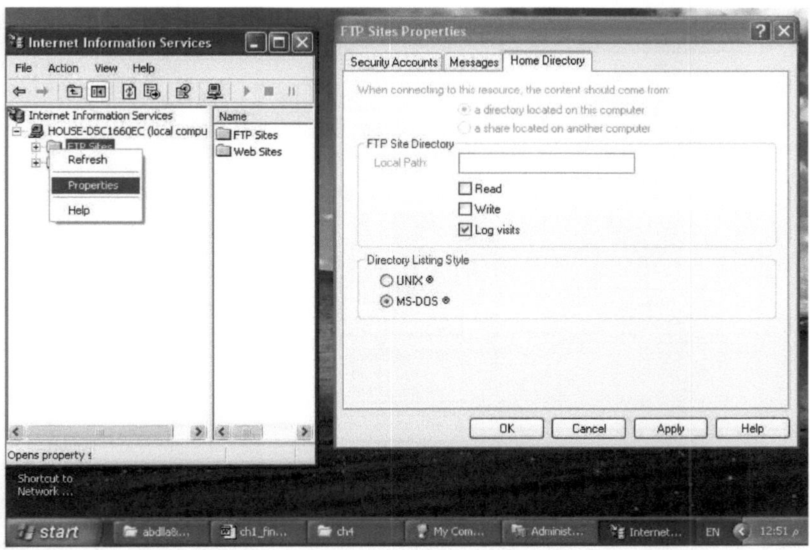

Figura 5.3 Permitir a leitura/escrita de ficheiros no servidor FTP

De um modo geral, a CMainView controla as acções do utilizador na GUI da janela principal. CWinSock é uma classe já disponível; é fornecida pela Microsoft para lidar com sockets do Windows em ambiente visual c++. Por sua vez, a CStreamSocket deriva da CWinSock para selecionar o tipo de fluxo durante a transferência Winsock. No outro lado, o CFTPConnect beneficia do CStreamSocket para realizar o protocolo FTP em função dos códigos de comando padrão FTP. Finalmente, CMainFrame gere, a um nível elevado, as quatro classes acima referidas. A Figura 4.4 abaixo é um diagrama de estrutura de alto nível de algumas das principais sub-rotinas do cliente de CD implantado.

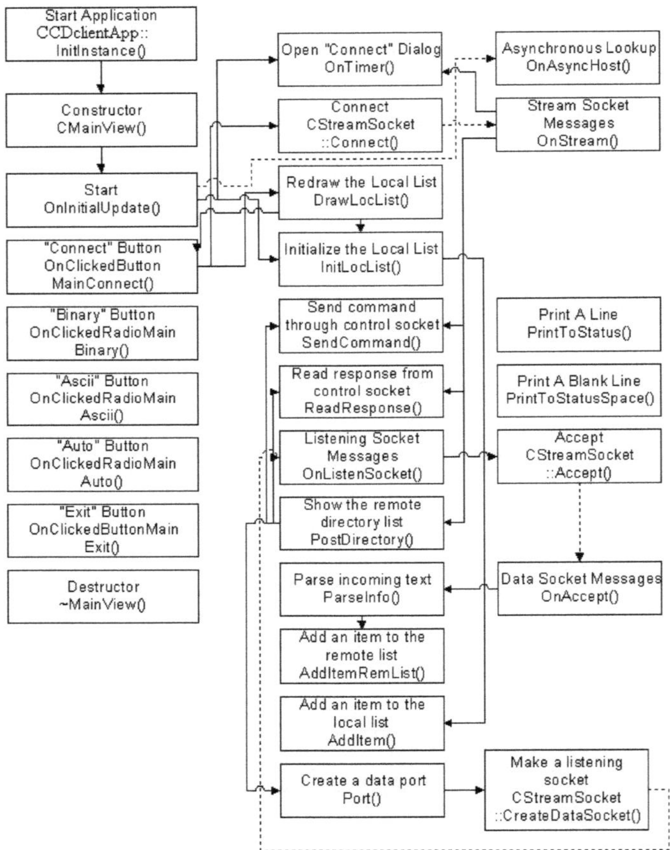

Fig 4.4 Diagrama da estrutura principal do cliente CD

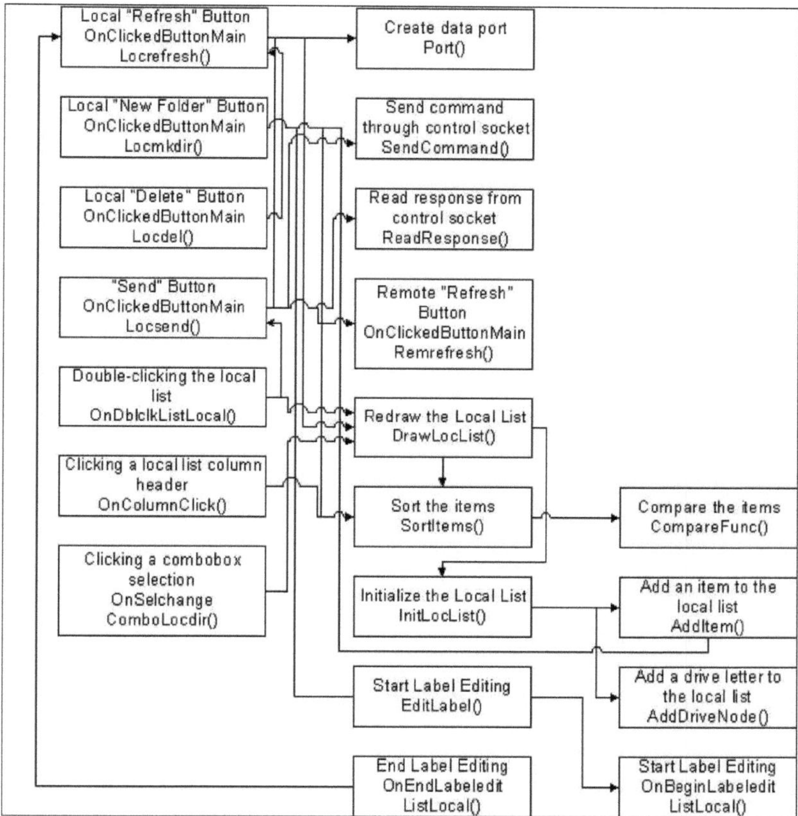

Fig 4.5 Funções de controlo da lista local

Todas as sub-rotinas são da classe CMainView, exceto quando indicado em contrário. O diagrama flui da esquerda para a direita, à medida que as sub-rotinas se tornam mais subordinadas. As linhas pontilhadas indicam uma operação de retorno de chamada Winsock, em que o subsistema Winsock está a chamar uma sub-rotina, com base na chamada Winsock de uma sub-rotina menos subordinada. A figura 4.4 trata de alguns botões principais da interface do utilizador e de outras subrotinas não mencionadas nas figuras 4.5 e 4.6.

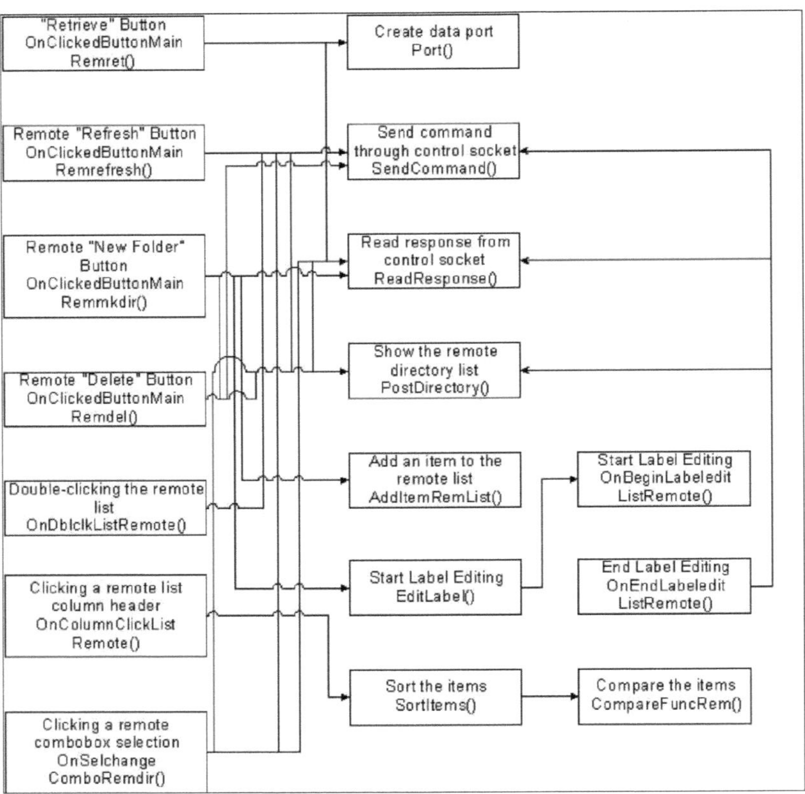

Fig 4.6 Funções do controlo remoto de listas

Por outro lado, a figura 4.5 é um diagrama de estrutura de alto nível dos botões e operações do controlo de lista local no cliente CD. Todas as sub-rotinas são da classe CMainView, exceto quando indicado em contrário. O diagrama flui da esquerda para a direita, à medida que as subrotinas se tornam mais subordinadas. Além disso, a figura 4.6 mostra um diagrama de estrutura de alto nível dos botões e operações do controlo remoto de listas no cliente CD. Todas as sub-rotinas são da classe CMainView, exceto quando indicado em contrário. O diagrama flui da esquerda para a direita, à medida que as sub-rotinas se tornam mais subordinadas.

Quando o utilizador inicia o CDclient.exe, é apresentado o ecrã mostrado na figura 4.7. O nome do perfil é simplesmente o nome que o utilizador deseja dar a esta coleção de dados sobre um servidor ao qual se pretende ligar. Por exemplo, se o utilizador se ligar a um AR, pode chamar ao perfil "Active Router" (router ativo).

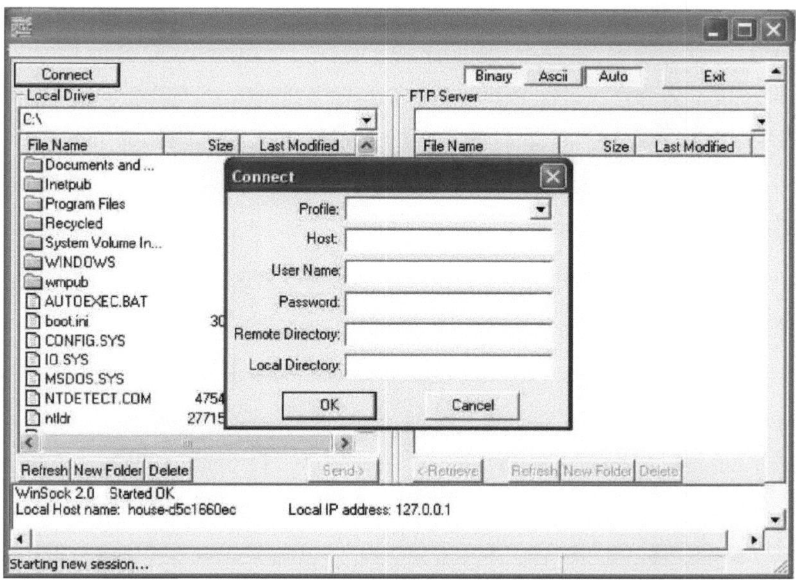

Fig 4.7 Ecrã principal do cliente CD

O Anfitrião é o endereço IP ou o nome DNS do servidor ao qual a PEU pretende ligar-se. O Nome de utilizador é o nome de utilizador da conta PEU no servidor. A palavra-passe atribuída à conta da PEU no servidor. O Remote Diretory (Diretório remoto) é o diretório para o qual a UDE pretende ir no computador remoto (AR) automaticamente quando inicia sessão. Normalmente, o diretório raiz é designado por "/" ou "\", mas o utilizador pode especificar qualquer diretório caminho. O diretório local, por sua vez, é o diretório para o qual a UDE pretende ir no seu computador (ES) automaticamente quando faz o login no servidor remoto. Por exemplo, o diretório raiz é designado por "C:\".

Quando a UPE tiver terminado de preencher todos os campos, ao clicar no botão "OK" inicia-se o processo de ligação ao servidor remoto. Clicando em "Cancel" (Cancelar), o ecrã é fechado sem que as informações sejam guardadas. A Figura 4.8 mostra o aspeto do ecrã quando a PEU estiver ligada.

Para fechar a ligação ao servidor remoto e terminar a sessão FTP, basta clicar no botão "Close" (Fechar). Isto enviará o comando "QUIT" para o servidor. A PEU saberá que o fecho foi bem sucedido quando a resposta do servidor ao comando "QUIT" aparecer na janela de estado. Para eliminar um ficheiro ou vários ficheiros nos computadores Local ou Remoto (AR), realce o ficheiro ou ficheiros com o rato e/ou teclado e clique no botão "Delete" (Eliminar). Para enviar um ficheiro ou vários ficheiros para o computador remoto, realce um ficheiro ou vários ficheiros com o rato e/ou o teclado e prima o botão "Enviar". O(s) ficheiro(s) é(são) enviado(s) para o diretório atualmente apresentado na janela Remoto. Os diretórios não podem ser enviados.

O botão "Binary", quando ativado, especifica que todos os ficheiros são enviados e recuperados em modo binário, ou seja, não é enviado qualquer texto. Isto é útil para carregar apenas ficheiros dll (se necessário). O botão "ASCII", quando ativado, especifica que todos os ficheiros são enviados e recuperados em modo ASCII, ou seja, como texto. Isto é útil para carregar apenas ficheiros ini (se necessário).

O botão "Auto", quando ativado, especifica automaticamente o modo ASCII para os ficheiros que terminam com uma extensão "TXT". Todos os outros ficheiros são enviados em modo binário. Isto é útil para carregar um componente completo (ou seja, ficheiros dll e ini).

Pode ser útil, agora, introduzir a estrutura formal prevista da UC que a PEU pretende transferir para a RA.

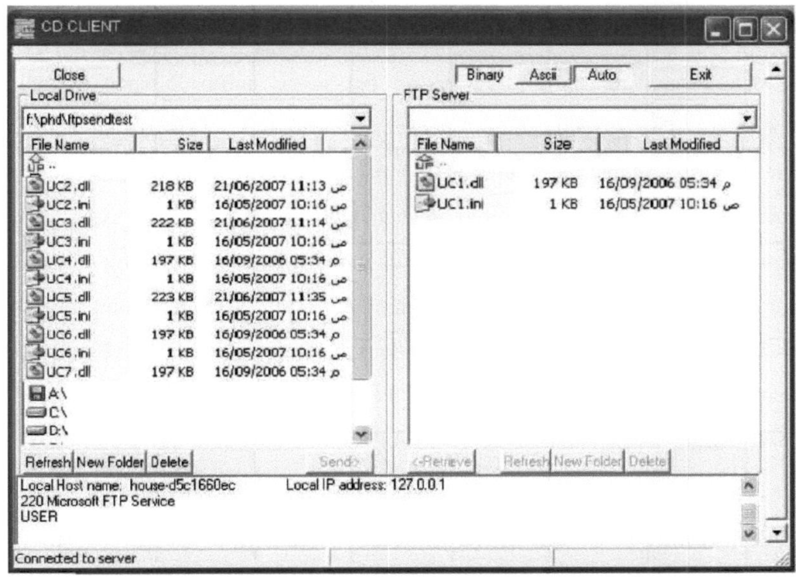

Fig 4.8 O cliente CD está ligado

4.3.3 Estrutura daUC

Na secção 4.8.1, são introduzidas as especificações gerais da arquitetura de UC proposta. Afirma-se também que se espera que os ficheiros fonte de modelos para UC estejam disponíveis para os criadores de AN. Nesta secção , é apresentada uma panorâmica da estrutura do UC e do modo como pode ser implementado. O modelo (ou estrutura) do componente especifica as funções e os passos necessários de qualquer UC que seja necessário realizar.

Geralmente, as UC devem ser implementadas em dois ficheiros: ficheiros de código e ficheiros de configuração. O ficheiro de código contém o código-fonte necessário para processar ativamente o PEA para aplicar um determinado protocolo ou obter uma função de valor acrescentado. O código deve ser escrito numa linguagem de alto nível que suporte as APIs do Microsoft Visual Studio. Neste livro, é utilizada a linguagem C++ para programar o ficheiro fonte. Os seguintes pontos devem ser respeitados na programação do ficheiro de código-fonte:

a) Declarar as estruturas da camada de ligação, da camada de rede e dos cabeçalhos

ANEP melhorados.

b) Declare uma função C++ e dê-lhe um nome unificado (por exemplo, ProcPacket). Passe seis parâmetros para esta função; três ponteiros para matrizes e três inteiros. As matrizes representam o pacote recebido, o pacote processado e a memória intermédia de controlo. A matriz do pacote recebido e o buffer de controlo são definidos como parâmetros de entrada, enquanto a matriz do pacote processado é um parâmetro de saída. Os três inteiros representam os comprimentos das matrizes (ou buffers). Para efeitos de notificação de erros, a função ProcPacket devolve um número inteiro diferente de zero se o pacote for processado corretamente.

c) No corpo da função, uma matriz de pacotes temporários (TempPack) é definida com comprimento máximo igual ao comprimento máximo do pacote (1514 em IP) e inicializada em zero. Além disso, uma variável de comprimento temporário (TempLen) é definida. TempPack e TempLen são usados como um estado intermediário entre o pacote recebido (entrada para a função) e o pacote processado (saída da função). O processamento é executado na matriz TempPack. Além disso, é preparado um desvio para o início da carga útil do pacote recebido, de modo a que:

Offset payload= comprimento do pacote recebido-[comprimento dos cabeçalhos (camada de ligação + camada de rede + ANEP)]-[campo CC*comprimento CID],

d) Efetuar o processamento necessário no pacote utilizando as variáveis temporárias. Durante o processamento, o programador pode utilizar o buffer de controlo de entrada para dirigir a função para o seu próprio destino.

e) Após a conclusão do processamento, o comprimento da matriz TempPack processada deve ser armazenado em TempLen. Entregue o pacote processado e o seu comprimento de TempPack e TempLen aos parâmetros output processed packet e output packet length da função ProcPacket, respetivamente.

f) Devolve um valor diferente de zero se todos os passos acima forem executados sem erros.

A segunda parte da UC esperada é o ficheiro de configuração. Na verdade, é um ficheiro de inicialização (ini) que contém dados de configuração (ou seja, termos idiomáticos) para aplicações baseadas no Microsoft Windows. Ele permite que um programa armazene dados de inicialização, que podem então ser facilmente analisados e alterados.

Os ficheiros Ini são ficheiros de inicialização comuns do Windows, que têm sempre uma extensão ".ini", e são utilizados para armazenar informações de configuração para programas de aplicações. Estão frequentemente localizados na mesma pasta que a aplicação associada.

Muitas aplicações armazenam informações de configuração em ficheiros ini que afectam a forma como a aplicação é executada. Estes ficheiros têm normalmente o mesmo nome que o ficheiro da aplicação (.exe ou .dll), mas com uma extensão ini. O programador pode inspecionar o ficheiro ini para ver que tipo de informação está aí armazenada, ou mesmo modificá-lo para alterar o comportamento de uma aplicação.

O ficheiro ini é um ficheiro de texto ASCII simples e pode ser criado em qualquer editor de texto (como o Notepad ou o WordPad) ou utilizando a linguagem C (ou seja, abrindo um ficheiro para escrita). Cada ficheiro ini tem um formato padrão. Deve conter uma ou mais "secções" seguidas de "parâmetros" e incluir "comentários", se necessário. Por exemplo, uma "secção" típica pode ter o aspeto da Fig. 4.9.

```
[Section Name]
; Some comment on section
Var1=ABC
Var2=451
```

Fig 4.9 Formato geral do ficheiro ini

Para proporcionar maior flexibilidade à PEU, neste projeto o ficheiro ini é criado utilizando uma rotina simples em linguagem C. O ficheiro é constituído apenas por uma única estrutura (estrutura Servlnfo). Esta estrutura, por sua vez, contém o nome do ficheiro de código da UC (o nome do ficheiro .dll) num formato de string e um buffer de controlo com o seu comprimento. O buffer de controlo está envolvido na configuração de poses (se necessário). Os passos seguintes ilustram a criação do ficheiro ini:

a. Declara um parâmetro Servlnfo do tipo estrutura. Os seus membros são uma cadeia FileName, um ponteiro para uma memória de controlo e o comprimento desta memória de controlo.

b. Definir um ponteiro de ficheiro e inicializar a estrutura Servlnfo.

c. Abra o ficheiro para escrita e dê-lhe um nome (o nome deve ser CID.ini).

d. Escrever a estrutura Servlnfo no ficheiro.

e. Fecha o ficheiro e devolve um valor diferente de zero se estiver tudo bem.

Tudo o que a PEU requer é a inicialização da estrutura Servlnfo. O FileName é obrigatório (sob a forma de FileName .dll), mas a memória intermédia de controlo e o seu comprimento (presumivelmente inferior a 256 bytes) são opcionais. Além disso, a PEU tem de fornecer o CID int eger. Este valor pode ser obtido depois de obter uma admissão do administrador (local ou público) da AN.

No que diz respeito ao ficheiro de código da UC, a PEU pode carregá-lo tal como está (ficheiro de código fonte) ou convertê-lo num ficheiro de biblioteca de ligação dinâmica (DLL). Nesta implementação, apenas o último caso é adotado. A DLL é um módulo que contém função(ões) e dados. Uma DLL é carregada em tempo de execução pelo seu módulo de chamada. Quando uma DLL é carregada, é mapeada para o espaço de endereçamento do processo de chamada. As DLLs podem definir dois tipos de funções: exp ortadas e internas. As funções exportadas podem ser chamadas por outros módulos. As funções internas só podem ser chamadas de dentro da DLL onde estão definidas. Embora as DLLs possam exportar dados, estes são normalmente utilizados apenas pelas suas funções. As DLLs fornecem uma forma de modularizar aplicações para que a funcionalidade possa ser actualizada e reutilizada mais facilmente. Também ajudam a reduzir a sobrecarga de memória quando várias aplicações utilizam a mesma funcionalidade ao mesmo tempo, porque embora cada aplicação obtenha a sua própria cópia dos dados, podem partilhar o código.

4.4 Implementação do manipulador de pacotes

Tal como referido na secção 4.9, propõe-se que o controlador do IM seja a base da arquitetura do manipulador de pacotes (PM), em que o controlador é um software que permite a um computador trabalhar com um determinado dispositivo. No entanto, a arquitetura do MP foi dividida em cinco unidades funcionais, a saber: Intercepto r de pacotes (PI), filtro de pacotes (PF), ponte de pacotes (PB), classificador de pacotes (PC) e expedidor de pacotes (PD). Embora o PM seja implementado utilizando o controlador IM (ou seja, no espaço do kernel), as unidades PC e PD são realizadas no espaço do utilizador como uma extensão do controlador.

A implementação do PM proposto está integrada no sistema operativo de base por razões como o controlo e a eficiência. Uma forte integração com o sistema operativo anfitrião concede ao NodeOS controlo total para implementar funcionalidades ao nível do sistema, como o tratamento de pacotes e a gestão de recursos, e permite um elevado desempenho para o processamento ativo. Esta secção descreve a realização dos detalhes do PM que foram explicados até agora para o nosso sistema protótipo Windows 2003.

4.4.1 Condutor IM

O passo mais importante e significativo na realização da arquitetura PM é a implementação de um simples controlador IM de "passagem". Um controlador "pass through" (ou passthru) significa um controlador NDIS de IM pass-through que não faz nada. Executa de forma abstrata os princípios básicos de inicialização e configuração de um controlador IM. Este controlador expõe um adaptador virtual para cada ligação a um adaptador físico real. Por sua vez, os controladores de protocolo subjacentes podem ligar-se a estes adaptadores virtuais como se fossem adaptadores reais. Além disso, apenas o processamento mínimo absoluto dos dados enviados/recebidos é realizado nesta etapa. Por exemplo, ao processar um pacote recebido, o IM passthru simplesmente re -warps o pacote recebido e passa-o para protocolos de nível superior. Do mesmo modo, os pedidos NDIS e outras operações são simplesmente transmitidos com um processamento mínimo.

No entanto, o controlador passthru foi implementado como seis módulos de software: Main, Adapter, NDISreq, Recv, Send e Status. Além disso, existem outros módulos auxiliares relacionados com a gestão de energia do controlador, tais como os estados de reinicialização e encerramento e as capacidades PnP (plug and play).

A) Módulo principal

Este módulo consiste nas rotinas que carregam o driver passthru e inicializam suas estruturas de dados e recursos em todo o driver. Além disso, o módulo principal regista e anula o registo da interface IOCTL e do objeto de dispositivo que são utilizados pelas aplicações do modo de utilizador para comunicar com o controlador IM.

B)Módulo adaptador

As funções do módulo do adaptador são chamadas pelo invólucro NDIS, por exemplo, para atribuir e anular a atribuição de uma instância de adaptador virtual passthru, para interromper ou encerrar a extremidade superior do controlador, para consultar informações sobre as capacidades do passthru e para solicitar ao controlador que se ligue (ou desligue) a um controlador MP NIC subjacente. Além disso, existem rotinas capazes de atribuir e anular a atribuição de um conjunto de contextos a utilizar para o intercâmbio de dados entre o adaptador e as aplicações.

C) Módulo NDISReq

As principais funções deste módulo estão relacionadas com os pedidos do NDIS ao controlador passthru. O NDIS pode consultar informações sobre o estado do IM ou solicitar alterações nas informações de estado que o passthru mantém. Cada controlador NDIS contém o seu próprio bloco de informações de gestão (MIB) [70]. Trata-se de um bloco de informações no qual o controlador armazena informações de configuração dinâmica e informações estatísticas que os controladores ou aplicações de nível superior podem consultar ou definir. Cada elemento de informação no MIB é referido como um "objeto" e é apontado por meio de um "identificador de objeto" (OID). Se um controlador de nível superior quiser consultar um aspeto particular de um NIC ou do seu controlador, fá-lo invocando uma função IOCTL de consulta com o OID pertinente e recebe de volta os dados específicos do objeto adequado. Do mesmo modo, para definir algum aspeto do estado de um NIC ou do seu controlador, é feita uma chamada IOCTL de definição para o OID pertinente, que incluirá uma memória intermédia de dados específicos do objeto sobre os quais o controlador do NIC actuará.

D) Módulo de estado

As notificações de estado iniciadas pelo controlador MP da placa de rede subjacente são indicadas utilizando funções deste módulo (de estado).

E)Módulo de envio

O NDIS chama as funções deste módulo para transmitir um único (ou vários) pacote ao controlador NIC subjacente. Em seguida, o NDIS também indica a conclusão da operação de envio ao controlador IM.

F)Módulo Recv

Depois de o controlador da placa de rede subjacente indicar um pacote recebido ao NDIS integrado, o NDIS, por sua vez, indica esse pacote ao controlador passthru chamando as funções do módulo Recv.

Duas funções padrão foram escritas para receber o pacote indicado (como recomendado pela documentação do DDK). Estas são as funções PtReceivePac ket e PtReceivelndication. As duas funções devem ser expostas pelo driver passthru ao driver MP subjacente. No entanto, pode não ser fácil adivinhar qual delas o

NDIS decidirá utilizar. Em qualquer dos casos, o passthru efectua aqui a manipulação mínima para apenas reencaminhar o pacote para o driver PT subjacente. A exposição das duas funções de receção é obrigatória.

É importante notar que as rotinas mencionadas acima são apenas as rotinas essenciais que devem ser incluídas de acordo com os documentos do Microsoft DDK [70].

4.4.2 Unidade PIJ

O driver IM passthru implementado não toca nos dados do pacote e simplesmente os transmite sem modificação. Além disso, esse driver não chega a ilustrar nenhuma função observável. Para ter alguma utilidade real, o desenvolvedor deve dar o próximo passo e adicionar sua própria funcionalidade ao driver esqueleto implementado.

No entanto, os passos essenciais que são recomendados pelos documentos DDK para implementar o driver esqueleto acima não ilustram claramente como lidar com pacotes. Capturar um pacote não está pronto ou é fácil. Por outras palavras, manipular e modificar as funções de indicação de receção de pacotes para capturar um pacote é realmente uma operação muito confusa. Além disso, o driver passthru requer um rastreio preciso para obter uma cópia de um pacote completo recebido. Além disso, ao obter uma cópia de um pacote, pode ser necessário (após o processamento, se houver) reinjectar o pacote novamente no driver IM para completar a sua passagem na pilha de rede. Não há comentários da Microsoft sobre como injetar um pacote fora da banda em um driver IM.

Como indicado no módulo Recv, a função PtReceivePacket ou a função PtReceivelndication pode ser chamada pelo NDIS para indicar um pacote recebido. As considerações internas do sistema operativo determinam qual delas é utilizada.

função PtReceivePacket: Na primeira, PtReceivePacket, uma descrição de um (ou mais) pacote tor(s) de um pacote completo e seus recursos é indicada como parâmetro de entrada para o driver do MI. Neste caso, o programador do intercetor/injetor de pacotes (PIJ) deve escolher um de dois caminhos. Se for necessário um processamento rápido e pequeno do pacote, devem ser programados os passos seguintes:

a) O PIJ atribui um novo descritor de pacote.

b) Move a informação do descritor do pacote original recebido para o novo descritor (reempacota o pacote recebido).

c) Devolve um valor diferente de zero ao controlador MP inferior para informar que o controlador IM continua a manter a propriedade dos dados e recursos do pacote.

d) Aqui, o novo pacote atribuído pode ser processado ou transferido para uma rotina adequada (como o módulo de filtragem de pacotes) para ser processado.

e) Depois de concluído o processamento do pacote, deve ser chamada uma função NdisRetumPacket para libertar a propriedade dos dados e recursos do pacote.

f) Se o processamento exceder um determinado tempo limite e o NdisRetumPacket estiver atrasado, o controlador MP subjacente considerará que o pacote não foi recebido e voltará a indicá-lo, mas agora com uma instrução PtReceivel.

Se, pelo contrário, o programador do driver espera que o pacote seja processado durante muito tempo, a situação é diferente. Deve ser mantida uma cópia do pacote no contexto do controlador PIJ. Os passos seguintes podem ser adequados:

a) O PIJ atribui um novo descritor de pacote.

b) Copia alguns sinalizadores do descritor de pacote original para o novo.

c) Atribui memória e descritores de buffer para o novo pacote.

d) Copia os dados do pacote original para os novos descritores de memória e buffer.

e) Devolve um valor zero para renunciar à propriedade do descritor de pacotes indicado do controlador de placa de rede MP subjacente.

f) Agora, o processamento do pacote pode ser efectuado na nova cópia do pacote.

g) Depois de terminar o processamento, a memória alocada para os dados do pacote deve ser libertada, e o seu buffer e descritores de pacotes são desalocados.

função PtReceivelnduction: No outro lado, o NDIS pode decidir indicar o pacote recebido chamando a função PtReceivelnduction. Nesse caso, PtReceivelnduction é chamada com um ponteiro para um buffer de lookahead contendo dados recebidos pela rede. O buffer de lookahead pode não conter os dados completos do pacote de rede. No entanto, essa função faz o seguinte:

a) O PIJ verifica se a memória intermédia do lookahead contém um pacote completo ou parte do pacote recebido.

b) Se o conteúdo do pacote estiver completo, o PI atribui um novo descritor de pacote e passa ao passo (i) abaixo para completar a receção.

c) Se houver um pacote parcial, os seguintes passos devem ser obedecidos.

d) O PIJ atribui um novo descritor de pacote, memória e descritor de buffer.

e) Copia os dados de rede disponíveis do cabeçalho e do buffer de lookahead para o novo pacote.

f) Ele chama a função NdisTransferData, para que o NDIS solicite ao miniport subjacente que copie o restante dos dados de rede para o novo pacote.

g) Se NdisTransferData for concluído de forma síncrona, o PIJ deve chamar a função PtTransferDataComplete.

h) Se NdisTransferData não for concluído de forma síncrona, PtTransferDataComplete será automaticamente chamado pelo invólucro NDIS quando a operação de transferência estiver concluída.

i) O PJI copia algumas bandeiras do pacote original para o novo pacote atribuído.

j) Além disso, o PIJ deve atribuir memória e descritores de buffer para o novo pacote completo e copia os dados do pacote de rede do pacote original para o novo.

k) Como o tempo gasto na função PtReceivelnduction deve ser minimizado [99], o pacote recebido não deve ser processado no contexto de PtReceivelnduction. Em vez disso, o pacote recebido é colocado em fila de espera na lista ligada de pacotes recebidos para ser pós-processado mais tarde pela função PtTransferDataComplete.

Todos os detalhes acima devem ser seguidos para se obter uma cópia de um pacote recebido que possa entrar no processamento do AR. Além disso, outras considerações cruciais, como evitar a interrupção das actividades normais do Windows e ter cuidado na atribuição e desalocação de áreas de armazenamento de memória, também devem ser tidas em conta na implementação do PIJ. No entanto, estão disponíveis duas abordagens na realização do PIJ (ou na extensão do controlador IM, em geral). O programador pode aplicar a implementação passo a passo (manual) acima referida ou utilizar uma abordagem de pacotes clonados.

A PCAUSA Corporation ofereceu software de pacotes clonados pronto a usar que tem como objetivo estender o driver IM da Microsoft para obter uma cópia completa em buffer dos pacotes recebidos. Esta empresa mantém contratos e acordos comerciais com a Microsoft Corporation para alargar os seus drivers de modo kernel do Windows.

Apesar do grande progresso que foi alcançado na realização manual do PIJ, eventualmente uma cópia do código-fonte do software de pacotes clonados foi oferecida pela PCAUSA Corporation. No entanto, a abordagem manual que foi usada no início ainda sofre alguns problemas em alguns casos.

A abordagem do pacote clonado foi realizada adicionando um módulo inteligente chamado módulo UTIL, este módulo consiste em rotinas que lidam com a alocação e desalocação de pacotes, memória e descritores de buffer, e rastreiam o caminho do pacote nas rotas de envio e receção para agregar suas porções com hash. Além disso, o módulo UTIL suporta a capacidade de operar com a borda inferior (adaptador inferior) e a borda superior (adaptador virtual) e fazer leitura e escrita com essas duas ligações do driver IM no nível do kernel. Além disso, fornece um pacote completo num buffer limpo no modo kernel. Isto é verdade em ambas as rotinas de receção, nomeadamente, PtReceivePacket e PtRecveivelndication. Depois de realizar o PIJ, o próximo passo é implementar o filtro de pacotes.

4.4.3 Unidade PF

Esta secção ilustra como alargar o PIJ proposto de modo a que este tenha a capacidade de bloquear os pacotes recebidos de acordo com uma lista pré-definida de endereços IP da rede a bloquear. Os requisitos básicos para o controlador de bloqueio de endereços IP são:

- **Kernel-firewall;** desenvolver um software no espaço do kernel baseado no driver PIJ que bloqueia os pacotes que são recebidos usando uma lista de endereços IP.

- **Application-control ;** Incluir uma aplicação Win32 que controle e leia a lista de endereços IP a bloquear a partir de um ficheiro de texto.

Existem dois pontos no PIJ concebido onde os pacotes são vistos, e estes tornam-se locais que encaminham um pacote para a unidade do PIJ seguinte ou deixam cair (bloqueiam) o pacote; estes pontos são:

- Função **PtReceivePacket**

- Função **PtRecveivelndication**

Para tornar a questão mais explícita, o descarte de um pacote no driver IM é realizado não o encaminhando para a camada superior. Não existe uma API NDIS para descartar um pacote; em vez disso, o pacote não é indicado. Esta noção pode esclarecer algumas das restrições impostas devido à programação in-kemel.

O ponto de partida deste PF é a unidade PIJ desenvolvida anteriormente. O código de base foi reorganizado através da adição de um novo módulo (IMFilter.C) que isola o código de filtragem real da interceção básica de pacotes. As principais funções disponibilizadas no novo módulo são:

A. IMFilter-SetPktFilter.

B. IMFilter-ResetPktFilter.

C.IMFilter-HandleReceivePacket.

D.IMFilter-HandleReceivelndication.

Geralmente, o PF fornece a capacidade de uma aplicação em modo de utilizador ler um ficheiro de texto que contém o nome do adaptador e a lista de endereços IP a bloquear. A lista ordenada é passada para o modo Kernel - utilizando a unidade Packet Bridge (PB). A lista de endereços IP é duplicada no espaço Kernel e depois guardada na área FilterReserved da estrutura ADAPTER (a estrutura ADAPTER será explicada na secção 4.4.4).

A. Função IMFilter-SetPktFilter

A função IMFilter-SetPktFilter é responsável por mover as informações de definição de filtros do ficheiro de texto na aplicação do utilizador para o conjunto de contexto do adaptador atualmente aberto. As informações de definição do filtro podem consistir numa lista de intervalos de endereços IP de destino/origem e na ação do filtro (bloquear, duplicar ou reclamar). O adaptador tem de ser aberto previamente pela aplicação antes de definir os parâmetros do filtro.

Por conseguinte, a função IMFilter-SetPktFilter é também responsável pela definição e inicialização de algumas variáveis relacionadas com o adaptador e o pedido IRP que se aproxima. Em seguida, a estrutura de filtro que deve ser imposta ao pacote recebido é retirada do ponteiro IRP. Esta estrutura de filtro deve ser colocada no seu campo apropriado no conjunto de contexto que foi aberto do adaptador especificado.

Antes de colocar a estrutura de filtro na sua localização adequada, a definição anterior deve ser libertada e é atribuído um novo espaço de memória para encapsular a nova estrutura. Finalmente, a estrutura de filtragem é copiada do ponteiro da pilha IRP para o seu novo campo atribuído no contexto aberto do adaptador. A conclusão do pedido IRP é essencial para libertar os recursos antes de regressar do IMFilter-SetPktFilter. Alguns passos da rotina IMFilter-SetPktFilter são mostrados na figura 4.10.

B. Função IMFilter-ResetPktFilter

Por outro lado, a função IMFilter-ResetPktFilter repõe o que foi definido pela função IMFilter- SetPktFilter. Ela define e inicializa algumas variáveis relacionadas ao pool de contexto de um adaptador e às solicitações de IRP. A função, então, pesquisa os adaptadores disponíveis e seus contextos que podem ter sido abertos anteriormente para determinar o contexto sob interrogação. Tudo o que faz é libertar a memória alocada da estrutura de filtro recentemente armazenada e anular os parâmetros correspondentes no contexto aberto especificado.

Por fim, o IMFilter-ResetPktFilter concluirá o pedido IRP e comunicará o estado adequado do processamento. A Figura 4.11 mostra algumas linhas do código da rotina IMFilter-ResetPktFilter.

```
//
// Find IP Packet Redirector Filter Structure
//
  pPktRedirFilterEntry = (PPKT_REDIR_FILTER_ENTRY )pIrp->AssociatedIrp.SystemBuffer;

  pIrpSp = IoGetCurrentIrpStackLocation(pIrp);
          .
          .
          .
//
// Allocate Resources For IP Packet Redirector Filter
//
pW32NOpenContext->m_nPktRedirFilterListEntryCount =
    pIrpSp->Parameters.DeviceIoControl.InputBufferLength;
          .
          .
Status = NdisAllocateMemoryWithTag(
          &pW32NOpenContext->m_pPktRedirFilterEntry,
          pIrpSp->Parameters.DeviceIoControl.InputBufferLength,
          TAG
          );
          .
          .
NdisMoveMemory(
    pW32NOpenContext->m_pPktRedirFilterEntry,
    pPktRedirFilterEntry,
    pIrpSp->Parameters.DeviceIoControl.InputBufferLength
    );
```

Fig 4.10 Algumas linhas da função IMFilter_SetPktFilter

```
//
// Release Existing IP Packet Redirector Filter Resources
//
if( pW32NOpenContext->m_pPktRedirFilterEntry )
{
   NdisFreeMemory(
      pW32NOpenContext->m_pPktRedirFilterEntry,
      (pW32NOpenContext->m_nPktRedirFilterListEntryCount *
sizeof( PKT_REDIR_FILTER_ENTRY ) ),
      0
      );
}

pW32NOpenContext->m_pPktRedirFilterEntry = NULL;
```

Fig 4.11 Algumas linhas da função IMFilter_ResetPktFilter

C.Função IMFilter-HandleReceivePacket

A primeira coisa acomodada pela função IMFilter-HandleReceivePacket é verificar o pacote recebido para garantir que é um pacote Ethernet do tipo protocolo de rede IP. Se não for deste tipo, a função permitirá passar o pacote para o controlador superior seguinte.

A estrutura dos cabeçalhos do tipo Ethernet e IP é armazenada num ficheiro de cabeçalho global. Os valores dos endereços de origem e de destino são lidos a partir do pacote recebido. Depois disso, estes endereços e a referência à instância do adaptador aberto são combinados para encontrar a correspondência com as estruturas de filtro armazenadas nesse adaptador. Normalmente, as estruturas de filtro são armazenadas a priori (função IMFilter-SetPktFilter) no conjunto de contexto do adaptador especificado.

O objetivo da pesquisa no contexto é ver qual é a ação adequada para tratar o pacote atualmente recebido. Encontrar a ação adequada (largar, duplicar ou reclamar) conduz certamente ao próximo passo de tratamento, no qual a função pode decidir largar (não indicar o pacote ao controlador superior), duplicar ou reclamar o pacote. Parte do processo de pesquisa das estruturas de filtragem armazenadas é mostrada na figura 4.12.

No entanto, a duplicação do pacote ou a obtenção de uma cópia com indicação de proibição do pacote (ação de reclamação) requerem o re-embrulhamento do pacote. O re-embrulhamento consiste em atribuir um novo descritor de pacote (o nosso pacote) e em atribuir um novo contexto de pacote. O contexto do pacote é desenvolvido e propriedade do programador. Engloba diversas variáveis e estruturas alocadas em para armazenar o conteúdo do pacote atualmente recebido, o estado, o ponteiro para o adaptador a que pertence, a estrutura de filtragem... etc. Nesta fase, uma cópia dos dados do pacote recebido é armazenada na área de contexto do pacote e todos os parâmetros necessários do pacote.

Se uma ação de reclamação tiver sido correspondida, a fase seguinte consiste em colocar o pacote atribuído em fila de espera na PendingReadPacketList. Em seguida, a função IMFilter-ProcessPendingRead (ver figura 4.13) é chamada para tratar desse caso. Por outro lado, outra cópia do pacote é diretamente indicada à camada superior se a ação correspondente for duplicada. As funções de interesse (como a função Packet Bridge) são agora capazes de manipular sem problemas o pacote pertencente ao controlador do GI. As funções de interesse podem tentar transferir o pacote para a unidade PM seguinte (ou seja, Packet Classifier PC).

```
// Only Check Filter Entries That Actually Specify An Action
  //
  if( pPktRedirFilterEntry->m_nFilterAction != REDIR_PASS_PACKET )
  {
    //
    // Compare IP Source Address Against Inclusive Filter Range
    //
    if( pPktRedirFilterEntry->m_IPSrcAddressRangeStart <= IPSrcAddress
      && IPSrcAddress <= pPktRedirFilterEntry->m_IPSrcAddressRangeEnd )
    {
      //
      // Compare IP Destination Address Against Inclusive Filter Range
      //
      if( pPktRedirFilterEntry->m_IPDstAddressRangeStart <= IPDstAddress
        && IPDstAddress <= pPktRedirFilterEntry->m_IPDstAddressRangeEnd )
      {
        //
        // Found A Match
        // ------------
        // Return the first match. Subsequent matching entries are
        // ignored.
        //
        return( pPktRedirFilterEntry->m_nFilterAction );
      }
    }
  }
```

Fig 4.12 Algumas linhas de código da função IMFilter_HandleReceivePacket

D.Função IMFilter-HandleReceivelndication

Por outro lado, a função IMFilter-HandleReceivelndication é chamada a partir da função PtReceivelndication para Firewall os pacotes recebidos também. Se o pacote recebido é alcançado como um pacote completo, a função IMFilter-HandleReceivelndication se comporta exatamente como a função IMFilter-HandleReceivePacket que foi explicada recentemente. Mas quando um pacote parcial chega à PtReceivelndication, a função IMFilter-HandleReceivelndication também se comporta como a função IMFilter-HandleReceivePacket, exceto que faz o seu trabalho em duas fases.

Com base no cabeçalho e no buffer de lookahead que foi entregue, a ação do Firewall é determinada. Isto pode ser conseguido facilmente porque normalmente a parte entregue do pacote consiste, pelo menos, nos cabeçalhos Ethernet e IP do pacote. Assim, é possível obter os endereços IP de destino e de origem. Dependendo desses endereços, as estruturas de filtro disponíveis que pertencem ao adaptador aberto atualmente podem ser pesquisadas para obter a adequada entre elas (veja também a figura 4.12).

```
//
// Try To Empty Both Lists
//
while( !IsListEmpty( &pW32NOpenContext->m_PendingReadIrpList )
  && !IsListEmpty( &pW32NOpenContext->m_PendingReadPacketList )
        .
        .
        .
//
   // Fetch A Pending Read IRP
   //
   pLinkage = NdisInterlockedRemoveHeadList(
            &pW32NOpenContext->m_PendingReadIrpList,
            &pW32NOpenContext->m_PendingReadIrpListLock
            );
        .
        .
        .
//
     // Fetch A Packet Waiting To Be Read
     //
     pLinkage = NdisInterlockedRemoveHeadList(
              &pW32NOpenContext->m_PendingReadPacketList,
              &pW32NOpenContext->m_PendingReadPacketListLock
              );
        .
        .
        .
//
       // Copy The Packet Data
       //
NdisMoveMemory(
         pReadIrp->AssociatedIrp.SystemBuffer,
         (CHAR *)&pPktContext->PacketData[ 0 ],
         TotalPacketLength
         );
        .
        .
        .
//
     // Possibly Recycle The Packet
     //
     if( pOurPacket )
     {
       //
       // Free The Packet And Context
       //
       UTIL_FreePacketAndContext( pOurPacket, pAdapt, pPktContext );
     }
```

Fig 4.13 Algumas linhas da função IMFilter_ProcessPendingRead

De acordo com esta ação de filtragem, se a firewall decidir bloquear tais pacotes, estes são silenciosamente descartados, ao passo que o pacote é enviado à função PtReceivelndication para ser completado quando a firewall decide duplicar ou reclamar o pacote. Por conseguinte, a segunda fase do IMFilter-HandleReceivelndication começa após a receção de um pacote completo, uma vez que não é lógico deixar passar um pacote parcial.

A segunda fase consiste em voltar a embrulhar o pacote recebido e armazenar o conteúdo do pacote, o estado, o ponteiro para o adaptador que está a ser interrogado e a ação de filtragem.

4.4.4 Unidade PB

O objetivo da unidade PB é facilitar a interface entre o kernel e o lado do utilizador do Packet Manipulator (PM). Assim, o PB consiste em módulos tanto no lado do kernel como no lado da aplicação Win32. O DEVMJFCN.C e o WDMSUP.C são módulos no lado do kernel que encapsulam as rotinas relacionadas com a interface IOCTL.

No que respeita ao modo de utilizador, os módulos são realizados de modo a exportar APIs prontas a utilizar para as aplicações Win32 dos encaminhadores activos (AR). Estas APIs envolvem o seguinte:

1. API OpenLowerAdapter.

2. API OpenVirtualAdapter.

3. API OpenLowerAdapterByLinkAddress.

4. API OpenVirtualAdapterByLinkAddress.

5. API ReadOnAdapter.

6. WriteOnAdapterAPI.

7. SetPKTFilterAPI.

8. ReporPKTFilterAPI.

Para além das API auxiliares que são oferecidas para facilitar a abertura de um adaptador e a consulta de informações, estas são

9. API EnumerateBinding.

10. API MakeNdisRequest.

API H.MakePrivateRequest.

Estas APIs exportadas pelo PB não são um novo serviço inventado. Em vez disso, são um espelho das funções que são implementadas no espaço do kernel. Enquanto estivermos dentro do kernel, o software do driver pode ler ou escrever no adaptador inferior ou virtual e também pode facilmente solicitar ou definir qualquer informação NDIS.

No entanto, as vantagens de transferir a programação para o espaço do utilizador foram ilustradas anteriormente. Consequentemente, o mapeamento das capacidades do modo kernel para as aplicações do utilizador contribuirá para serviços flexíveis e para o alargamento das funcionalidades existentes.

Neste projeto, a interface baseada em IRP é utilizada para implementar a interface de programação utilizador/condutor. Consequentemente, as aplicações podem utilizar as funções Win32 básicas; CreatFile, DeviceloControl, ReadFile, WriteFile; e CloseHandle no lado do modo de utilizador da interface.

No módulo principal (secção 4.4.1), o controlador cria um objeto de dispositivo e um nome de ligação simbólica visível para Win32 que pode ser aberto no modo de utilizador utilizando CreatFile. Além disso, na inicialização do módulo principal, o driver foi registado com funções baseadas em IRP que são (eventualmente) chamadas para implementar o fim da interface no modo kernel. A base do controlo de E/S do dispositivo é realizada através da chamada da função NdisRegisterDevice a partir da rotina WDMInitialize no módulo Main.C.

Utilizando a API CreatFile, o modo de utilizador é capaz de abrir e fechar um identificador de dispositivo geral no nome do espaço de ficheiro do controlador IM. Um identificador do objeto de ficheiro IM é um identificador normal para o dispositivo que não está associado a uma ligação de adaptador específica. Este identificador de dispositivo "ou canal de controlo" é utilizado para aceder a informações globais, como a lista de ligações de controladores, mas não mais do que isso.

No entanto, este handle não é suficiente para fazer interface com o driver. Este identificador é um simples stub com o dispositivo; não se destina a um adaptador específico, sabendo que, qualquer driver IM pode ser ligado a mais do que um driver MP NIC e também a mais do que um driver PT sobreposto.

A ligação entre o controlador do GI e cada um dos MP subjacentes é representada por uma determinada estrutura Adapter, a que chamámos (ADAPTER). Cada estrutura ADAPTER estabelece uma área de contexto específica do controlador entre o GI e um dos controladores MP especificados. A maioria das informações e recursos usados pelas rotinas do MP (driver do MI), como identificadores de pool de pacotes, identificadores de pool de buffer e bloqueios, são mantidos nessa estrutura. Vários membros de uma estrutura ADAPTER são mostrados na figura 4.14.

Para obter um identificador de interface com um adaptador específico, a aplicação deve efetuar uma pesquisa dos adaptadores construídos disponíveis no dispositivo do GI para determinar o adaptador pretendido. Consequentemente, esta pesquisa é necessária para obter uma cópia de algumas informações sobre as estruturas ADAPTER disponíveis. É exatamente isto que a API EnumerateBindings faz.

Utilizando o identificador de dispositivo devolvido pela função CreateFile, a API EnumerateBindings consulta o controlador para obter uma lista das suas ligações actuais. A API Enumerate Bindings utiliza a API MakePrivateRequest para solicitar informações de ligação dos adaptadores atualmente instalados. MakePrivateRequest, por sua vez, envia o comando LOCTL-Enumerate- Bindings com um buffer de saída para o driver para obter a lista de informações necessárias.

O expedidor DeveiceloControl dos controladores (kernel) recebe este comando e chama uma função KemelPrivateRequest para procurar os adaptadores disponíveis no identificador de dispositivo especificado e preencher o buffer de saída do utilizador com uma matriz de cadeias de nomes de ligação.

```
// Per Adapter control block
typedef struct _ADAPTER
{
  LIST_ENTRY          Linkage;
  ULONG             RefCount;
  ULONG             nAdapterStructSize;
NDIS_HANDLE          LowerMPHandle;          // To the lower miniport
    .
    .
    .
NDIS_STRING VirtualAdapterName;
NDIS_STRING LowerAdapterName;
    .
    .
  NDIS_HANDLE          SendPacketPoolHandle;
    .
  NDIS_HANDLE          RecvPacketPoolHandle;
    .
  NDIS_HANDLE          BufferPoolHandle;
    .
    .
NDIS_MEDIUM          VirtualAdapterMediaType;
NDIS_MEDIUM          LowerAdapterMediaType;
    .
    .
UCHAR     AdapterAddress[ETH_LENGTH_OF_ADDRESS];
    .
    .

 // Packet Size Information From Lower-Level Driver
  ULONG   HeaderSize;
  ULONG   FrameSize; // doesn't include the header
  ULONG   TotalSize;
 IM_ADAPTER_STATS Stats;
 // List Of Open Win32 Handles On The Adapter
  LIST_ENTRY   W32NOpenList;
    .
    .
  // Fields For Handling IM-Initiated (Local) Requests
  // ------------------------------------------------
  // These fields are used to wrap a request that is initiated locally
  // from the NDIS IM driver itself. This method requires the IM driver
  // to serialize its private NDIS requests.
          NDIS_REQUEST                    IMRequest;
          PULONG                          IMBytesNeeded;
          PULONG                          IMBytesReadOrWritten;
    .
    .
NDIS_SPIN_LOCK          Lock;
    .
    .
}ADAPTER,*PADAPTER;
```

Fig 4.14 vários membros da estrutura ADAPTER

Cada nome de ligação é guardado na estrutura ADAPTER que é criada pela função PtBindAdapter para cada ligação aberta com êxito. Cada adaptador tem dois nomes, o nome do adaptador virtual e o nome do adaptador inferior. Na verdade, o nome do adaptador virtual é uma cadeia de caracteres fornecida pela biblioteca NDIS durante a instalação do controlador IM, enquanto o nome do adaptador inferior é o endereço MAC da placa NIC.

As próprias estruturas ADAPTER são mantidas numa lista ligada cujo cabeçalho é a variável global pAdapt. É necessário ter em conta a possibilidade de a lista de adaptadores poder mudar enquanto percorremos a lista e copiamos os nomes das ligações para a memória intermédia do utilizador. Os drivers do Windows já possuem um bloqueio de rotação para esse fim (veja a figura 4.14). O programador simplesmente mantém o GlobalLock enquanto está examinando a lista de adaptadores.

Por fim, o controlador volta a transferir a memória intermédia de saída IRP para o modo de utilizador. Os nomes das ligações devolvidos por esta consulta identificam as ligações que podem ser utilizadas noutras funções específicas das ligações. De acordo com a informação devolvida, a aplicação deve decidir qual dos adaptadores é adequado para a sua implementação. As figuras 4.15a e b ilustram secções das funções Enum.CPP e QueryPrivatelnformation.CCP nos modos utilizador e kernel.

4.4.4.1 APIs do adaptador Open\Close

Neste ponto, queremos realmente avançar e adicionar a lógica para abrir um identificador da aplicação do utilizador a uma ligação IM específica. Isto significa que, quando um identificador de dispositivo em modo de utilizador é criado pela função CreatFile, deve ser associado a uma ligação específica. Em termos estritos, o identificador de dispositivo deve ser mapeado para uma estrutura ADAPTER específica. Isto permite o acesso a qualquer MP subjacente ou a informações do controlador PT subjacente que estejam contidas na sua estrutura ADAPTER utilizando as API da aplicação.

"OpenAdapter" é uma API geral em modo de utilizador. As APIs OpenLowerAdapter, OpenLowerAdapterByLinkAddress, OpenVirtualAdapter e OpenVirtualAdapterByLinkAddress são todas herdadas da API OpenAdapter para abrir um identificador de ligação específico com o controlador. No entanto, o tipo do adaptador (Virtual ou Inferior) e o Nome do dispositivo (Nome virtual ou Endereço de ligação) são passados como parâmetros para a API OpenAdapter.

```
DWORD WINAPI
EnumerateBindings(
  HANDLE hWDMHandle,
  PNDIS_STATUS pNdisStatus,
  PWCHAR pBuffer,
  PUINT pBufferSize
  )
{        .
         .
         .
  // Initialize The SIM_REQUEST Structure
  SIMRequest.RequestType = NdisRequestQueryInformation;
  SIMRequest.DATA.QUERY_INFORMATION.Oid =
OID_PCASIM_ENUMERATE_BINDINGS;
  SIMRequest.DATA.QUERY_INFORMATION.InformationBuffer = pBuffer;
  SIMRequest.DATA.QUERY_INFORMATION.InformationBufferLength = *pBufferSize;
  SIMRequest.DATA.QUERY_INFORMATION.BytesWritten = 0;
         .
         .
// Pass The Request To The NDIS Intermediate Driver (QueryPrivateRequest function USER-
//MODE)
  pSIMRequest->m_nRequestStatus = NDIS_STATUS_FAILURE;
  bIOResult = DeviceIoControl(
              hDevice,
              bPrivateRequest ? IOCTL_PCASIM_PRIVATE_REQUEST :
IOCTL_PCASIM_NDIS_REQUEST,
              pSIMRequest,
              sizeof(SIM_REQUEST),
              pSIMRequest,
              sizeof(SIM_REQUEST),
              &bytesReturned,  // ATTENTION!!! Why is this required on Windows Me???
              lpOverlapped     // Cannot Be NULL
              );
         .
         .
//GOTO  The Request (QueryPrivateRequest function ) but now in KERNEL-MODE
//see figure 5.6
         .
         .
         .
if( SIMRequest.m_nRequestStatus == NDIS_STATUS_SUCCESS )
    {
      *pBufferSize = SIMRequest.DATA.QUERY_INFORMATION.BytesWritten;
    }
```

Fig 4.15a Algumas linhas de código das funções EnumBind e QueryPrivateRequest

```
// The Request (QueryPrivateRequest function USER-MODE) is now in KERNEL-MODE
switch( nOid )
  {
        .
        .
   case OID_PCASIM_ENUMERATE_BINDINGS:
      {         PADAPTER pAdapterInList;
       PLIST_ENTRY pListEntry;
     // First Calculate Required Buffer Size
       pSIMRequest->DATA.QUERY_INFORMATION.BytesWritten = 0;
       pSIMRequest->DATA.QUERY_INFORMATION.BytesNeeded = 0;
        .
        .
       NdisAcquireSpinLock( &g_AdapterListLock );
       // Walk The Adapter List
        .
       while ( pListEntry != &g_AdapterList )
       {
  // Map The List Entry To The ADAPTER Structure Pointer
          pAdapterInList = CONTAINING_RECORD( pListEntry, ADAPTER, Linkage );
         pSIMRequest->DATA.QUERY_INFORMATION.BytesNeeded +=
           pAdapterInList->VirtualAdapterName.Length;
         // Name-Terminating NULL
         pSIMRequest->DATA.QUERY_INFORMATION.BytesNeeded +=
           sizeof( UNICODE_NULL );
         pSIMRequest->DATA.QUERY_INFORMATION.BytesNeeded +=
           pAdapterInList->LowerAdapterName.Length;
         // Name-Terminating NULL
         pSIMRequest->DATA.QUERY_INFORMATION.BytesNeeded +=
           sizeof( UNICODE_NULL );
         // Move To The Next Adapter

         pListEntry = pListEntry->Flink;
 // List-Terminating NULL
       pSIMRequest->DATA.QUERY_INFORMATION.BytesNeeded +=
         sizeof( UNICODE_NULL );

       NdisReleaseSpinLock( &g_AdapterListLock );
```

Fig 4.15b algumas linhas de código da função QueryPrivateRequest em modo kernel

A API OpenAdapter pega no nome da ligação (devolvido pela API EnumerateBindings) e devolve um identificador válido se for bem sucedida. As operações específicas do adaptador (que ainda não inventámos) podem ser executadas em o identificador do adaptador. Quando o programador terminar de utilizar este identificador aberto, deve chamar a API CloseHande para o fechar.

Os passos básicos desenvolvidos para abrir uma pega dentro do condutor são :

1. Procura na lista pAdapt para encontrar a estrutura ADAPTER cujo Nome do Dispositivo corresponde ao nome de ligação especificado.

2. Se for encontrada uma correspondência, atribui uma estrutura OPEN-

CONTEXT utilizada no controlador para gerir informações específicas do identificador.

3. Associar a pega ao adaptador :

- Guardar o ponteiro para OPEN-CONTEXT na estrutura ADAPTER.
- Guardar o ponteiro para a estrutura ADAPTER em OPEN-CONTEXT.
- Aumenta a contagem de referência do adaptador.

- Associar o identificador a OPEN-CONTEXT, guardando o ponteiro para OPENCONTEXT no campo FileObject FsContext do ponteiro de pilha IIRP.

Nas chamadas subsequentes ao despachante de E/S do controlador, a estrutura OPEN-CONTEXT pode ser recuperada a partir do campo FsContext do FileObject. A estrutura OPEN-CONTEXT é mostrada na figura 4.16.

```
typedef
struct _W32N_OPEN_CONTEXT
{
  LIST_ENTRY   qLink;
  ULONG        RefCount;
  ULONG        m_nOpenRefnum; // Unique Open Context Reference Number
  BOOLEAN      m_bIsVirtualAdapter;
  PADAPTER     m_pAdapter;    // Adapter Associated With This Open
  // Queue For Packets Waiting To Be Read By Win32 Application
  LIST_ENTRY             m_PendingReadPacketList;
  NDIS_SPIN_LOCK         m_PendingReadPacketListLock;
  // Queue For Pending Read IRPS
  // This is a queue of IRP_MJ_READ IRPs that are waiting to be satisfied.
  LIST_ENTRY             m_PendingReadIrpList;
  NDIS_SPIN_LOCK         m_PendingReadIrpListLock;
  PPKT_REDIR_FILTER_ENTRY  m_pPktRedirFilterEntry;
  ULONG                  m_nPktRedirFilterListEntryCount;
}
  W32N_OPEN_CONTEXT, *PW32N_OPEN_CONTEXT;
```

Fig 5.16 Estrutura W32N_OPEN_CONTEXT

No entanto, há um problema que deve ser antecipado e tratado com cuidado. No driver IM, o "ciclo de vida" da estrutura ADAPTER é controlado pelo wrapper NDIS. A estrutura ADAPTER é uma localizada e inicializada na função PtBindAdapter do módulo Adapter.C. Ela pode ser liberada na função PtUnBindAdapter ou no manipulador MPHalt. Uma vez que o NDIS é responsável por chamar cada uma destas três funções, a construção e destruição de cada estrutura ADAPTER é efectuada de forma segura. Mas quando o criador da aplicação cria um identificador do modo de utilizador com uma estrutura ADAPTER específica, o NDIS pode chamar os manipuladores PtUnBindAdapter ou MPHalt sem notificar a aplicação do lado do utilizador. Se a estrutura ADAPTER associada for libertada antes de o identificador do modo de utilizador ser fechado, o sistema pode falhar. O programador tem de fornecer um mecanismo para garantir que a estrutura ADAPTER existe enquanto o identificador do modo de utilizador estiver aberto.

O método mais comum para controlar o "ciclo de vida" de um objeto temporário é designado por "contagem de referências". Quando a estrutura ADAPTER é criada em PtBindAdapter, a contagem de referências ADAPTER é definida como 1. Quando a contagem de referências cai para zero, a estrutura ADAPT é libertada. Esta técnica é utilizada neste projeto, tal como referido no ponto 3 supra. Os passos principais da API OpenAdapter são apresentados na figura 4.17.

4.4.4.2 Utilização do adaptador aberto

Agora que desenvolvemos um mecanismo para abrir um identificador específico de ligação no lado do kernel do PM, é hora de fazer algo com ele. Adicionar a capacidade de Ler/Escrever no adaptador, Definir/Reiniciar filtros de pacotes e Definir/Consultar informações são algumas das operações que podem ser feitas com o lado do kernel.

Set/Reset de filtros de pacotes e Set/Query de informações (Recall IM Filter e Ebind Modules) no driver são ambos mencionados brevemente ao longo da explicação anterior. No entanto, o ReadOnAdapter e o WriteOnAdapter são duas APIs importantes expostas pela unidade Packet Bridge (PB) às aplicações Win32 Active Router.

Simplesmente, uma aplicação pode enviar um comando IOCTL para ler ou escrever a partir de um adaptador inferior ou virtual num identificador de ligação específico. A leitura a partir de um adaptador inferior permite à aplicação Win32 ler um pacote selecionado que estava a ser recebido ou indicado a partir do adaptador inferior. A escrita no adaptador inferior, por sua vez, é traduzida para a chamada da função NdisSendPacket para mover o pacote para o adaptador inferior e os pacotes resultantes serem enviados para a rede.

Por outro lado, as leituras do adaptador virtual permitem que o aplicativo Win32 leia um pacote que está sendo enviado para a rede a partir dos protocolos de nível superior. Por outro lado, a escrita no adaptador virtual é traduzida em indicações de receção que são enviadas para cima na pilha de protocolos, onde aparecem como se tivessem sido efetivamente recebidas da rede.

A implementação do código em modo utilizador para ler um pacote de um adaptador é simples. Uma chamada à API DeviceloControl ou ReadFile é feita sobre o handle retornado pela API OpenAdapter, ver figura 4.17. A chamada passará um buffer de saída em modo de utilizador a ser preenchido com o pacote recebido e um ponteiro para a estrutura OPEN-CONTEXT que foi construída pela API OpenAdapter.

Normalmente, se houver pacotes recebidos anteriormente, estes devem ser armazenados na PendingReadPacketList da estrutura OPEN-CONTEXT. Se não houver pacotes pendentes, o pedido IRP de leitura ficará à espera na PendingReadPacketList da estrutura OPEN-CONTEXT para entregar o pacote quando este for alcançado. Alguns passos da função ReadOnAdapter são mostrados na figura 4.18.

Como já foi referido anteriormente e mostrado na figura 4.13, foi proposta uma função abstrata no módulo IMFilter.CPP para lidar com a PendingReadPacketList e a PendingReadlrpList. Em primeiro lugar, a função PendingReads do processo examina duas filas:

- PendingReadlrpList - IRPs à espera de serem concluídas.
- PendingReadPacketList - pacotes à espera de serem lidos.

```
// Open The Device Handle
 hAdapter = CreateFile(
            PCASIM_WDM_DEVICE_FILENAME,
            GENERIC_READ | GENERIC_WRITE,
            0,
            NULL,
            CREATE_ALWAYS,
            FILE_ATTRIBUTE_NORMAL | FILE_FLAG_OVERLAPPED,
            NULL
            );
        .
        .
// Allocate Structure For Passing Adapter Name To Driver
        .
nBufferLength = sizeof( SIM_OPEN_ADAPTER )
            + ( wcslen( (PWSTR )pszAdapterName ) + 1 ) * sizeof( WCHAR );
        .
        .
pOpenAdapterPB = (PSIM_OPEN_ADAPTER )malloc( nBufferLength );
        .
        .
// Call Driver To Make Open The Adapter Context
 bRc = DeviceIoControl(
        hAdapter,
        bIsVirtualAdapter ?
          (DWORD)IOCTL_PCASIM_OPEN_VIRTUAL_ADAPTER
          : (DWORD)IOCTL_PCASIM_OPEN_LOWER_ADAPTER,
        pOpenAdapterPB,
        nBufferLength,
        pOpenAdapterPB,
        nBufferLength,
        &bytesReturned,
        NULL
        );
// Check Results
        if( !bRc )
        {
  CloseHandle( hAdapter );

  return( INVALID_HANDLE_VALUE );
 }
        .
        .
 free( pOpenAdapterPB );

 return( hAdapter );
}
```

Fig 4.17 Algumas linhas de código da função OpenAdapter

```
//user mode portion
BOOL WINAPI
ReadOnAdapter(
  HANDLE hAdapter,
  LPVOID lpBuffer,
  DWORD nNumberOfBytesToRead,
  LPDWORD lpNumberOfBytesRead,
  LPOVERLAPPED lpOverlapped
  )
{     .
      .
      .
   return( ReadFile(
         hAdapter,
         lpBuffer,
         nNumberOfBytesToRead,
         lpNumberOfBytesRead,
         lpOverlapped
         )
         .
         .
}

//kernel mode portion
NTSTATUS
IMFilter_ReadOnAdapter(
  IN PDEVICE_OBJECT DeviceObject,
  IN PIRP pIrp,
  IN PADAPTER pAdapt,
  IN PW32N_OPEN_CONTEXT pW32NOpenContext,
  IN BOOLEAN bIsDeviceIoControl
  )
{
      .
      .
      .
  // Queue The IRP In The Pending Read List
   NdisInterlockedInsertTailList(
     &pW32NOpenContext->m_PendingReadIrpList,
     &pIrp->Tail.Overlay.ListEntry,
     &pW32NOpenContext->m_PendingReadIrpListLock
     );
  // Possibly Complete Any Pending Reads
  IMFilter_ProcessPendingReads( pW32NOpenContext );
  return STATUS_PENDING;
}
```

Fig 4.18 algumas linhas de código da função ReadOnAdapter

Se houver IRPs aguardando para serem concluídas e pacotes aguardando para serem lidos, a rotina desbloqueia um pacote e desbloqueia uma IRP. Conseqüentemente, a função completa a IRP com os dados do pacote e recicla os recursos do pacote. Ela fará isso enquanto houver IRPs e pacotes disponíveis.

A estratégia atual é que esta rotina seja chamada:

1. Sempre que um novo IRP é colocado na PendingReadIrpList.

2. Sempre que um novo pacote é colocado na PendingReadPacketList.

Esta função lida com IRPs e Packets para adaptadores virtuais e inferiores. As linhas significativas da função ProcessPendingReads são mostradas anteriormente na figura 4.13.

Por outro lado, a escrita no adaptador é realizada como a operação de leitura, exceto que é passado um buffer de entrada, em vez de um buffer de saída para o adaptador. Este buffer contém o pacote que deve ser escrito diretamente no adaptador especificado. Um ponteiro para o adaptador apropriado foi armazenado anteriormente na estrutura OPEN-CONTEXT pela API OpenAdapter. Várias linhas da função WriteOnAdapter são mostradas na figura 4.19.

4.4.5 Unidade PC

Neste ponto, uma cópia de um pacote completo, recebido e filtrado foi obtida e armazenada na estrutura de contexto do adaptador aberto. Tal como referido na secção 4.9.4, o Packet Classifier (PC) é responsável por reconhecer os tipos de pacotes que passam no AR e, em seguida, encaminhar cada um para o seu caminho adequado. Os tipos de pacotes que podem atravessar o Packet Manipulator (PM) também foram descritos nessa secção.

De facto, o PC é obrigado a admitir os CPs (Component Packets) para completar o seu percurso sem problemas até ao controlador (protocolo) subjacente. Estes CPs, eventualmente, chegarão ao servidor CD (Distribuidor de Componentes) para serem aí processados. Os UCP e os CCP são colocados sob o título de CPs e, por conseguinte, dirigidos pelo PC para o driver PT. Os TDPs (Traditional Data Packets) também seguem o mesmo caminho que os CPs. Apenas os ADP (Active Data Packets) são empurrados pelo PC para serem redireccionados para o Packet Dispatcher (PD).

```
NTSTATUS
IMFilter_WriteOnAdapter(
  IN PDEVICE_OBJECT DeviceObject,
  IN PIRP pIrp,
  IN PADAPTER pAdapt,
  IN PW32N_OPEN_CONTEXT pW32NOpenContext,
  IN BOOLEAN bIsDeviceIoControl
  )
{       .
        .
pIrpSp = IoGetCurrentIrpStackLocation(pIrp);
        .
        .
// Handle Writes On Virtual/Lower Adapter Differently
// Virtual Adapter-Write data is indicated "up the stack" as if the data had been received from the
//network.
// Lower Adapter-Write data is sent "down the stack" to the lower MAC driver to be placed on //the
wire.
  if( pW32NOpenContext->m_bIsVirtualAdapter )
  {     .
        .
        switch( pAdapt->VirtualAdapterMediaType )
          {       case NdisMedium802_3:
                  NdisMEthIndicateReceive(          pAdapt->MiniportHandle,
        MacReceiveContext,
        HeaderBuffer,
        HeaderBufferSize,
        LookAheadBuffer,
        LookAheadBufferSize,
        PacketSize
        );        break;
        .
        }
}
else
  { PNDIS_PACKET        pOurPacket = NULL;
    PNDIS_BUFFER        pOurBuffer;
    NDIS_STATUS         OurPacketStatus;
    PIM_PROT_RESERVED   pPROTReserved;
    PIM_PACKET_CONTEXT  pPktContext = NULL;
        .
        .
NdisMoveMemory(
      (CHAR *)&pPktContext->PacketData[ 0 ],
      pIrp->AssociatedIrp.SystemBuffer,
      PacketSize
      );
// Call The Next Lower Miniport To Send The Packet
          NdisSend( &Status, pAdapt->LowerMPHandle, pOurPacket );
          if (Status != NDIS_STATUS_PENDING)
          {
      // Let CLSendComplete Free Our Packet
      CLSendComplete( (NDIS_HANDLE )pAdapt, pOurPacket,  Status );
          }
    return( STATUS_PENDING );
  }
```

Fig 4.19 algumas linhas de código da função WriteOnAdapter

No entanto, como utilizamos o cabeçalho IP padrão na implementação da arquitetura AR, temos de discriminar o IP que contém um cabeçalho ANEP daquele que contém conteúdo não ANEP (ou seja, discriminar os pacotes activos dos não activos). Alguns documentos [5] propuseram o uso de um valor especial no campo de protocolo do cabeçalho IP para se referir ao ADP (que contém o cabeçalho ANEP). Nesse caso, tudo o que o módulo PC tem de fazer é inspecionar o valor do campo de protocolo no cabeçalho IP do pacote recebido. Se se referir ao ADP, o pacote será passado para a unidade PD. O valor não ADP do campo de protocolo representa um tipo TDP ou um tipo CP, pelo que o PC reinjecta (escreve) estes pacotes no adaptador virtual (borda superior) do PIJ para serem levados para as camadas superiores para processamento. O PC é realizado num módulo discreto (CLSF.C).

A função CLSF.C recebe um ponteiro para o pacote recebido e o seu comprimento como parâmetros de entrada e devolve um valor diferente de zero se o pacote for ADP. No entanto, a função CLSF.C segue os seguintes passos:

- Examinar o tipo de protocolo da camada de rede (IPv4, IPX, IPv6... etc.).

- De acordo com o tipo de protocolo, a função CLSF.C pode determinar que campo no cabeçalho do protocolo deve ser testado para saber se o pacote é ou não um ADP.

- De acordo com o campo de cabeçalho adequado, se o pacote for ADP, devolve um valor não nulo, caso contrário devolve um valor nulo.

4.4.6 Unidade PD

Depois de completar as operações de filtragem e classificação do , o Classificador de Pacotes (PC) enviará apenas os Pacotes de Dados Activos (ADP) para o Distribuidor de Pacotes (PD). O PD é uma unidade em modo de utilizador. É responsável, como indicado na secção 3.9.5, por encaminhar os ADP para os seus componentes de utilizador (UC) adequados. O PD é desenvolvido como uma unidade independente da plataforma.

De acordo com o cabeçalho ANEP do ADP, o PD pode reconhecer qual a UC necessária para processar o novo pacote recebido. Tal como referido na secção

4.10, o cabeçalho ANEP contém um campo de contagem de componentes (CC) e um campo de composição do serviço. Estes campos indicam ao PD quantas e quais UC devem ser chamadas para processar o ADP. A ordem destas UC é também determinada pelo cabeçalho ANEP. der.

Em primeiro lugar, o PD entrega um ADP a partir da memória intermédia do PC e verifica a integridade do cabeçalho ANEP melhorado (valor da versão, comprimento do pacote e os bits de valor zero do campo de sinalização). O campo CC refere-se ao número de componentes que estão a cooperar para processar o pacote. Os CID dos componentes activos compostos são indicados em sequência no campo "composição do serviço" do cabeçalho ANEP.

Em todos os casos, o PD empurra o ADP num ciclo temporário de polling para ser processado pela UC apropriada. Se se verificar que um dos CIDs não é reconhecido, o PD comportar-se-á da seguinte forma. Cancela completamente o pacote se o bit número 0 do campo de sinalização estiver ativado. Se este bit foi reposto, o PD deve efetuar o processamento por defeito para o ADP. Nesta implementação, o bit número 0 no campo de flag está sempre definido. É de salientar que o campo "option" do cabeçalho ANEP não é explorado nesta realização de prova de conceito.

As tarefas da unidade PD são implementadas como três funções c++: ServNo, ServID e GetServInfo. Segue-se uma breve descrição iption de cada uma delas.

a) Função ServNo

A função ServNo é dedicada a determinar quantas UCs devem ser chamadas e executadas na PEA recebida. O ADP recebido e o seu comprimento são introduzidos como parâmetros na função ServNo e a contagem das UCs necessárias a executar é obtida como valor de retorno. ServNo, simplesmente, inicializa um ponteiro para o campo Contagem de Componentes (CC) no cabeçalho ANEP melhorado e devolve uma cópia do valor do campo CC.

b) Função ServID

Por outro lado, a função ServID tem como objetivo retirar os CIDs das UCs necessárias numa ordem atual. Um ponteiro para a matriz ADP, o seu comprimento e a sequência requerida da UC são passados como entradas para esta função de apoio, e o CID adequado resultará como valor de retorno.

Utilizando a matriz de pacotes e tendo em conta a ordem da UC requerida e o tipo de cabeçalhos de protocolo, é inicializado um ponteiro para o valor CID correto no campo de composição do serviço. Este valor (CID) regressará ao módulo principal (ARM). Na verdade, o CID é utilizado pelo ARM para procurar os ficheiros de configuração em cache que, por sua vez, são utilizados para chamar a UC associada.

c) Função GetServInfo

A última função de suporte é a GetServInfo. Destina-se a obter uma cópia da estrutura Servlnfo a partir do ficheiro de configuração associado à UC. O número inteiro CID será inserido como entrada e a estrutura Servlnfo é obtida como saída da função GetServInfo. Abaixo está uma breve descrição dos passos necessários seguidos pela função GetServInfo:

- Definir algumas variáveis úteis.
- Converte o número inteiro CID numa cadeia ASCII.
- Procurar e abrir o ficheiro .ini indicado pela cadeia CID.
- Ler e copiar o conteúdo do ficheiro para uma estrutura pré-atribuída do tipo Servlnfo. Esta estrutura será exportada como resultado da função GetServInfo.
- Se os passos anteriores funcionarem corretamente, devolve um valor diferente de zero; caso contrário, devolve um zero.

4.5 Rede ativa Funcionamento

Os UCs são implementados como bibliotecas de ligação dinâmica no Windows 2003. Os programadores podem, por conseguinte, escolher entre uma série de ferramentas de desenvolvimento (por exemplo, compiladores e depuradores) disponíveis para estas plataformas e escolher o seu ambiente de programação preferido.

Si ma vez que as implementações do protótipo de RA exploram a técnica da biblioteca de ligação normalizada e executam o código ativo nos processos do espaço do utilizador, os componentes podem ser desenvolvidos e testados com base em ferramentas de desenvolvimento normalizadas (por exemplo, o compilador e o depurador do IDE Visual Studio).

Dado que os UC podem ser carregados e executados sob a forma de código binário, a implementação dos componentes é concetualmente independente de qualquer linguagem de programação específica. Note-se que este RA concebido não cria segurança e proteção com base numa linguagem de programação específica ou em certas restrições linguísticas (como a tipagem forte, a verificação de intervalos, etc.). No entanto, uma vez que as API devem ser ligadas ao componente no momento da execução (ou construção) da DLL, só podem ser utilizadas linguagens de programação para as quais a API do sistema está disponível. Neste momento, as API do sistema da atual implementação do protótipo de RA só estão disponíveis para C e C++.

O software de ligação entre o servidor de CD e o PM na AR é o Execution Environment Manager (EEM). O EEM é um módulo de serviço concebido para integrar as duas unidades de software em execução, nomeadamente os programas baseados no controlador IM e os programas baseados no FTP. Resumidamente, o EEM executa as seguintes tarefas principais

1- Declare duas instâncias de adaptadores inferiores e virtuais a serem utilizados para acesso à rede e informações de baixo nível n.

2- Definir e inicializar os objectos necessários (como o endereço MAC , números inteiros, buffers, etc.).

3- Defina duas matrizes de pacotes (TempPack e OutPack), uma para o pacote temporário e a outra para devolver o pacote processado.

4- Declara uma instância da estrutura Servlnfo. É utilizada para ler e armazenar temporariamente o conteúdo do ficheiro de configuração (.ini).

5- Abrir os adaptadores inferiores e virtuais, utilizando APIs exportadas pela unidade PB (ver secção 4.4.4.1).

6- Lê o(s) pacote(s) recebido(s) e o seu comprimento do adaptador inferior e armazena-o(s) na matriz TempPack. Se ainda não houver nenhum pacote recebido, o ARM ainda espera até que um seja alcançado. Mais uma vez, a leitura dos pacotes recebidos é efectuada através da API exportada pelo PB.

7- Chama a função CLSF (ver secção 4.4.5) para verificar se o pacote recebido é ou não um pacote de dados ativo (ADP). A função ActiveCheck recebe a matriz TempPack e o seu comprimento como parâmetros de entrada. Se for um pacote não ativo, o ARM escreverá o pacote diretamente no adaptador virtual para ser processado tradicionalmente pela pilha do Windows. Neste caso, este pacote é um Pacote de Dados Tradicional (TDP) ou um Pacote de Transporte de Componentes (Component Carrying Packet). No caso do TDP, a carga de roteamento e encaminhamento de pacotes é transferida para a camada de protocolo do Windows. Por outro lado, se for um pacote de transporte de componentes, a pilha do Windows o levará para o servidor CD para ser tratado lá. Por outro lado, se o pacote for um ADP, então, execute os seguintes passos.

8- Declara um identificador geral para um ficheiro dll que se espera que englobe a UC necessária.

9- Chamar a unidade PD. O DP efectuará os seguintes passos:

a) Chamar a função ServNo para saber quantas UCs são necessárias para processar o PEA. De acordo com a contagem das UCs, os passos 9 a 15 devem ser repetidos.

b) Chamar a função ServID para obter o CID do campo do serviço de composição no cabeçalho ANEP melhorado. O ponteiro da matriz TempPack, o seu comprimento e a ordem do UC (em relação ao serviço de composição) são dados como parâmetros de entrada para a função ServID. O número inteiro devolvido conterá o CID.

c) Utilizando o CID, os ficheiros de configuração em cache (associados às UC) são pesquisados para obter a estrutura Servlnfo correta re. A função GetServInfo é chamada para acomodar esta tarefa. GetServInfo recebe o CID como parâmetro de entrada e fornece a estrutura Servlnfo adequada. A estrutura Servlnfo contém o nome do ficheiro dll da UC cujo CID é fornecido como entrada para a função GetServInfo. Além disso, Servlnfo contém um buffer de controlo e o seu comprimento. Esta memória intermédia é utilizada pela PEU (se necessário) para passar parâmetros à UC. Proporciona uma maior flexibilidade aquando da execução da UC e, por conseguinte, de todo o serviço.

10- Chamar o bootstrapper AR. O mecanismo de arranque da EE é responsável pelo carregamento das UC na memória, bem como pela sua inicialização e arranque. O arranque de um componente é iniciado pelo EEM. O gestor do EE inicia o arranque de um componente passando o CID ao bootstrapper. O bootstrapper carrega então o componente para a memória a partir da DLL. Uma vez carregado, o bootstrapper inicializa o componente. No entanto, as etapas seguidas pelo bootstrapper são:

a) Carrega a função ProcPacket da biblioteca DLL na memória para ser executada. A chamada da API LoadLibrary tentará localizar a DLL e depois efetuar esse carregamento. O nome do ficheiro de código (ou seja, o nome da DLL) da UC é dado como parâmetro de entrada para a API LoadLibrary. A API LoadLibrary do Windows mapeia o módulo executável especificado (dll) para o espaço de endereço do processo de chamada. O valor retornado será um identificador específico para a biblioteca DLL necessária que é carregada na memória. Lembrando que um identificador geral para o arquivo DLL foi declarado na etapa 8. Esse identificador é atribuído agora ao identificador dedicado à UC útil retornada de LoadLibrary.

b) Dado o identificador da DLL dedicada e o nome da função exportada

(ProcPacket) como inputs para a API GetProcAddress, é devolvido um ponteiro para a função DLL exportada especificada (ou seja, a função ProcPacket). ProcPacket é o nome do modelo da função UC que é necessária para processar o pacote recebido. O nome da função dado à API GetProcAddress deve ser idêntico ao da declaração EXPORTS no ficheiro de definição (.def) da DLL.

11- Para executar a função ProcPacket, a matriz TempPack, o seu comprimento, uma memória intermédia de controlo e o seu comprimento são passados como parâmetros de entrada, um d depois aplica a função ProcPacket. O pacote ativamente processado é devolvido na matriz OutPacket com o seu (novo) comprimento.

12- Diminua a contagem de UCs que foi lida no passo 8. Se houver mais componentes a serem executados, repita os passos de 9 até este passo. Se a contagem de componentes chegar a zero, avance para o passo 13.

13- Usando a API WriteOnAdapter, empurre o pacote processado novamente para a pilha do Windows através da escrita no adaptador virtual aberto para ser roteado e encaminhado convencionalmente para lá.

14- Enquanto não houver uma instrução de saída ARM manual, o programa continua na etapa 6. Se houver uma instrução ARM de saída, feche as instâncias inferior e virtual do adaptador e saia do programa.

Como se pode ver, existem duas APIs (nos passos 12 e 13) e quatro funções (nos passos 7, 8, 10 e 11) que têm como objetivo suportar o ARM; para além das APIs fornecidas pelo PB (OpenAdapter, ReadOnAdapter, WriteOnAdapter e CloseAdapter). O adaptador aqui pode ser inferior ou virtual.

As duas APIs de apoio (LoadLibrary e GetProcAddress) são fornecidas pelo Microsoft Visual C++6, enquanto as sub-rotinas de apoio (nomeadamente, ActiveCheck, ServNo, ServID e GetServInfo) são desenvolvidas como parte do projeto.

4.6 Segurança

A arquitetura de segurança da RA baseia-se numa combinação de mecanismos conhecidos. O ambiente de execução seguro (EE) protege o sistema contra código ativo erróneo e malicioso. O EE deve garantir que o código ativo (componente do utilizador (UC)) em execução não possa prejudicar o SO de baixo nível do nó ativo (ou mesmo o SO do sistema).

Consequentemente, a RA deve incluir, pelo menos, mecanismos de proteção da memória e dos recursos computacionais.

4.6.1 Segurança da memória

O RA proposto protege os processos activos uns dos outros e do SO subjacente através de uma técnica comummente designada por isolamento de falhas de software (ver também a secção 3.5.2). Os limites definidos pela EE impedem o acesso de UC maliciosas à memória fora do seu ambiente de proteção. Isto pode ser conseguido através de uma série de mecanismos que vão desde técnicas baseadas na linguagem (por exemplo, linguagens fortemente tipadas sem ponteiros) até à gestão da memória virtual (VMM) (tal como utilizada pelos sistemas operativos convencionais).

A utilização de uma proteção baseada na linguagem é normalmente fácil de realizar (uma vez que o problema é transferido para o conceptor da linguagem), mas à custa da flexibilidade. Em contrapartida, os mecanismos de proteção baseados no sistema, como a abordagem baseada no VMM, são independentes da linguagem e permitem a utilização de linguagens de sistema típicas, como o C, que suportam a aritmética de ponteiros, a atribuição de memória controlada pelo utilizador e omitem a verificação em tempo de execução de tipos e intervalos.

A proteção da memória na RA proposta é conseguida com base no conceito de VMM. Em geral, os princípios de segurança da memória virtual baseiam-se no facto de cada processo ter o seu próprio espaço de endereço virtual. O gestor de memória virtual garante que um processo não tem meios para aceder à memória fora do seu espaço de acesso.

4.6.2 Programação da linha

Para além da proteção dos recursos de memória, o RA proposto deve também proteger os recursos de processamento de programas activos erróneos. A RA tem de impedir que os UC consumam mais do que a sua quota-parte dos recursos de processamento (ou mesmo que bloqueiem totalmente um processador). Como consequência, a RA requer alguma forma de mecanismo de agendamento que permita ao sistema de baixo nível interromper programas activos que excedam o seu quantum de agendamento.

No entanto, no sistema operativo Windows, por defeito, um único thread (ou mais) é dedicado a cada processo. O processo é o ambiente em que o UC (ou geralmente o programa orientado para objectos) é instalado. Como tal, o SO é responsável por partilhar os recursos de processamento de forma segura utilizando o mecanismo de agendamento de threads .

4.7 Segurança

A arquitetura de segurança na RA proposta baseia-se também em esquemas habitualmente utilizados. Depende essencialmente da autenticação do código do utilizador. As secções seguintes ilustram a forma como o RA utiliza os mecanismos de segurança de autenticação e assinatura de código.

4.7.1 Autenticação

O AR proposto utiliza uma técnica de autenticação simples para identificar o Utilizador Final Privilegiado (PEU) que pretende instalar um novo componente no router de forma segura. Com base nesta identidade, o AR determina se uma operação pode ou não ser autorizada.

Uma vez que o AR depende do servidor FTP para implementar o servidor de CD; e o servidor FTP, por sua vez, faz parte do IIS do sistema operativo Windows, a autenticação é da responsabilidade do IIS. O IIS fornece três métodos de autenticação para controlar o acesso aos seus recursos: Anónimo, básico e Desafio/Resposta do Windows.

Cada um desses métodos de autenticação estabelece um contexto exclusivo para os outros serviços e recursos que o aplicativo pode usar. Com o ISS, o desenvolvedor pode selecionar um ou mais desses métodos de autenticação. O acesso anónimo é típico para aplicações que não esperam saber quem é o utilizador. Os outros dois métodos de acesso autenticado (básico ou Desafio/Resposta do Windows) são geralmente adequados quando a aplicação pode ser apropriada apenas para determinados utilizadores (PEUs); o programador sabe quem são, e deve validar a permissão de acesso de cada PEU.

Nesta implementação, é utilizada uma autenticação básica. No tipo básico, o cliente CD é responsável pela apresentação de uma caixa de diálogo que solicita informações sobre o nome de utilizador e a palavra-passe a transmitir à máquina IIS. As credenciais são então codificadas e enviadas para o servidor. Estes dados de entrada devem especificar uma conta de utilizador no computador IIS.

4.7.2 Assinaturas de código

O AR utiliza assinaturas de código (1) para identificar o produtor de código de um componente e (2) para verificar a integridade do código. As assinaturas de código são criadas a partir da soma de controlo (por exemplo, CRC ou message digest) do código do componente ativo. O produtor de código encripta a soma de controlo com a sua chave privada e inclui-a no ficheiro de configuração do componente. Quando um AR recebe o componente ativo para instalação, desencripta a soma de controlo com a chave pública do produtor de código e verifica-a em relação à soma de controlo auto-computada. Se as somas de controlo coincidirem, a integridade do código ativo e a identidade do produtor de código são validadas. O AR pode utilizar algoritmos normalizados, como os baseados no CRC ou numa técnica específica como o MD5, para calcular a soma de controlo/digestão do código. A encriptação da soma de controlo do código pode basear-se nos mesmos algoritmos de encriptação de chave pública utilizados para a autenticação do utilizador.

4.8 Depuração e teste

Foi desenvolvido um ambiente de execução simples e um NodeOS ativo que pode funcionar na máquina de desenvolvimento (por exemplo, uma estação de trabalho normal do utilizador), a fim de permitir que os programadores de componentes testem e depurem os seus componentes utilizando ferramentas de depuração normais. A ideia aqui é que os programadores executem um ambiente de AR mínimo na máquina de desenvolvimento para testar e depurar diretamente o software. Proporcionar esse ambiente mínimo no caso das actuais implementações do protótipo de RA é relativamente fácil, uma vez que o protótipo se baseia num sistema operativo normalizado, o que permite que as plataformas de desenvolvimento sejam idênticas à plataforma do router. Consequentemente, os criadores de componentes podem simplesmente instalar o ambiente de processamento de depuração (como uma aplicação normal no espaço do utilizador) e o NodeOS ativo (que consiste num conjunto de controladores de dispositivos no sistema operativo Windows) nas suas máquinas de desenvolvimento. No entanto, uma vez que o cálculo de um componente ativo é tipicamente impulsionado pelos dados que passam através do router ativo, é necessário software adicional que gere pacotes de dados que correspondam aos filtros do componente ativo testado. Isto pode ser conseguido através de um simulador de tráfego local ou através de um programa externo que produza os respectivos padrões de tráfego e os encaminhe através da máquina de desenvolvimento. Esta questão é abordada na secção 6.2 do próximo capítulo.

Estas capacidades de depuração e teste provaram ser uma caraterística muito útil. Permitem ao programador efetuar testes fundamentais de componentes activos num sistema real e com tráfego de dados genuíno, em vez de simplesmente através de emulação ou mesmo simulação. No entanto, uma vez que o teste é efectuado num ambiente isolado na estação de trabalho do programador, o nível de teste é ainda limitado. Os testes remotos e a depuração de componentes do utilizador em nós de rede activos reais, onde se esperam outros problemas inesperados, como questões de interação de caraterísticas não previstas, são objeto de investigação futura.

Capítulo 5

Conclusão e tendências futuras

5.1 Visão geral

Este último capítulo apresenta uma série de conclusões que resumem o que se aprendeu com este trabalho e como estas experiências contribuem para o domínio mais vasto da investigação. Por fim, é apresentada uma discussão sobre a forma como este trabalho está a ser desenvolvido.

5.2 Conclusões

Embora as recentes evoluções no domínio das redes de dados indiquem uma clara necessidade de maior flexibilidade e extensibilidade no interior da rede, ainda não é claro que forma de dispositivos de rede abertos e/ou programáveis prevalecerá. Atualmente, a investigação sobre redes activas e programáveis é ainda, na sua maior parte, um exercício para testar hipóteses sobre vários modelos de programação e interfaces abertas.

Este livro forneceu provas de que a programabilidade da rede em dispositivos de ponta, em que o desempenho baixo a moderado é aceitável, é possível com base num router de software. Em termos do objetivo original do projeto, nomeadamente a conceção de uma arquitetura de encaminhador ativo flexível e extensível e a implementação de uma plataforma de protótipo para investigação futura sobre redes, o RA foi um sucesso. Podem ser retiradas deste trabalho várias conclusões sobre o desenvolvimento de arquitecturas de encaminhadores activos:

- Os serviços de encaminhador ativo baseados em componentes permitem a programabilidade da rede através da extensibilidade da funcionalidade e dos serviços do encaminhador. O quadro de composição de serviços determina o grau de extensibilidade (ou, por outras palavras, a flexibilidade com que o encaminhador ativo pode ser programado).

- A abordagem melhorada da composição de serviços baseada na ANEP permite uma programação transparente da rede. Uma funcionalidade de rede nova ou avançada pode ser integrada de forma flexível na cadeia de processamento de pacotes no encaminhador, bastando inserir um CID no cabeçalho ANEP. Esta abordagem simples também facilita a composição dinâmica de serviços.

Além disso, o facto de os serviços poderem ser compostos de forma transparente (sem ter de conhecer as interfaces dos componentes vizinhos) facilita a composição cooperativa de serviços através de utilizadores independentes.

- A programabilidade ativa da rede exige mecanismos de segurança sofisticados para proteger os nós de código ativo malicioso ou erróneo e para proporcionar a fiabilidade conhecida nos dispositivos de rede convencionais. O conceito de ambientes de execução seguros proposto pela arquitetura desenvolvida proporciona esse mecanismo.

- A reutilização da "tecnologia de processo" normalizada dos sistemas operativos actuais como ambientes de execução seguros para o código ativo revelou-se muito prática. Os requisitos para a proteção do sistema contra programas de utilizador típicos em nós finais e código ativo no caso de nós de rede activos são semelhantes.

- A implementação de um NodeOS que forneça controlo de recursos e caraterísticas de segurança exige que o NodeOS esteja estreitamente ligado ao sistema operativo subjacente (anfitrião). Por exemplo, é necessário um suporte adequado do NodeOS para controlar a interface do sistema e para passar os dados da rede para a memória apropriada do espaço do utilizador.

- Por conseguinte, uma implementação dividida entre o kernel e o espaço do utilizador do sistema subjacente parece ser uma boa escolha. Esta abordagem tira partido dos mecanismos de proteção e segurança altamente optimizados e sofisticados dos sistemas operativos actuais.

- As implementações padrão do espaço do utilizador para redes activas sofrem, em grande medida, com o impacto no desempenho resultante das operações de cópia necessárias para passar o tráfego de rede "para cima" para o espaço do utilizador e de novo "para baixo".

Os resultados deste trabalho - como a maioria dos outros trabalhos no terreno até hoje - fornecem apenas uma peça do mosaico global. Será necessário um maior desenvolvimento para reunir as várias contribuições da investigação. As tecnologias actuais terão não só de ser melhoradas, mas também combinadas para formar sistemas completos, a fim de fazer progredir as redes activas dos laboratórios individuais para a utilização comercial.

Além disso, antes de as redes activas poderem ser amplamente implantadas em grande escala, como a Internet global, será necessário ultrapassar mais obstáculos: terá de ser definida uma norma. O maior desafio das redes activas poderá ser ultrapassar este processo inicial de normalização que as próprias redes activas devem contornar quando são introduzidas novas funcionalidades e serviços na rede.

5.3 Tendências futuras

O trabalho futuro apresentado nesta secção centra-se nos esforços de desenvolvimento em curso para completar a implementação do protótipo de RA e na sua utilização e extensão, a fim de criar e experimentar novos serviços de RA.

a) O fraco esquema de segurança utilizado no projeto é considerado uma das deficiências deste livro. Para resolver esta desvantagem, a autenticação no âmbito do AR pode ser construída com base em mecanismos de encriptação de chaves públicas, como o RSA ou o DSA. O utilizador que instala um componente (ou o produtor de código que desenvolve um componente) encripta a sua identidade (ou seja, o nome de utilizador ou o nome da empresa) com a sua chave privada. A encriptação de chave pública garante que a mensagem encriptada só pode ser desencriptada com a chave pública atribuída ao utilizador. Por conseguinte, a AR que recebe uma mensagem de autenticação (por exemplo, como parte do ficheiro de configuração) pode verificar de forma segura a identidade de um utilizador com base na chave pública do utilizador.

b) A programabilidade do encaminhador pode ser conseguida através de uma técnica baseada em filtros em vez de uma técnica baseada na ANEP. Por outras palavras, o programador pode utilizar um conjunto de filtros (máscaras de bits) no AR e, se houver uma correspondência entre qualquer um destes filtros e o pacote de entrada, a UC associada a esse filtro será chamada e executada. Estes filtros são, na realidade, blocos de bits que podem ser armazenados no AR num esquema semelhante a uma tabela de pesquisa. Nesse caso, cada pacote recebido (ativo ou tradicional) será confrontado com uma série de manipulações de comparação de bits para procurar qual (ou quais) dos filtros corresponde, sendo a classificação feita com base no resultado. De acordo com os filtros correspondentes, determinados componentes podem ser chamados para montar a composição de serviço necessária. O módulo que implementa a classificação baseada em filtros deve substituir o Packet Classification (PC) do Packet Manipulator na nossa AR. Para clarificar a ideia, existe um filtro, por exemplo, para identificar o protocolo de rede, o protocolo de transporte e o protocolo da camada de aplicação. Se o protocolo da camada de rede for o IPv4, por exemplo, devem existir outros filtros para determinar se existe protocolo encapsulado (ICMP, ARP... etc), e que tipo de serviço (TOS) deve ser aplicado, e se existem ou não opções IP,... etc. Em termos mais estritos, ao inserir um novo filtro e a respectiva UC, é possível obter um novo protocolo ou uma nova função de valor acrescentado.

Utilizando esta abordagem, alguns requisitos da AN (ver secção 4.2) podem ser melhorados. Por um lado, a flexibilidade pode ser alcançada através da inserção (ou remoção) de qualquer filtro (e, por conseguinte, da UC associada) sem problemas e em tempo de execução. Por outro lado, a facilidade de utilização é também melhorada, de modo a que os ES não necessitem de qualquer modificação na sua pilha de rede (como a necessária no caso da abordagem ANEP).

c) Uma das caraterísticas que não são suportadas neste livro é o par de base de dados de políticas e o esquema de aplicação de políticas que é indicado na arquitetura da DARPA para as AN (secção 5.2). Para realizar esse esquema, deve ser atribuída uma determinada estrutura de base de dados no software de RA. Esta base de dados é constituída por todos os CID das unidades de controlo instaladas e, à frente de cada um deles, é enumerado o privilégio. O privilégio de cada UC pode consistir em saber até que ponto pode consumir recursos do sistema ou mesmo se está autorizado a ler apenas, escrever apenas ou ler/escrever os pacotes recebidos. Por exemplo, para cada UC é possível controlar a quantidade de memória ou tempo de CPU que lhe é permitido alocar durante a execução e se pode monitorizar ou modificar o pacote em processamento. Esta base de dados de políticas deve ser aplicada por uma unidade de aplicação de políticas, que é na realidade uma unidade lógica. A sua função é controlar e monitorizar se a AR obedece às regras impostas pelas políticas concebidas.

d) Prevê-se uma diminuição adicional do débito e um aumento da utilização da CPU com cada aumento do número de redes ou nós ligados ao RA concebido. Por conseguinte, a melhoria do desempenho do RA continua a ser crucial. Para diminuir os efeitos deste problema, é possível baixar o Packet Classifier (PC) e o Packet Dispatcher (PD) para o nível do kernel. Se tal sugestão for aplicada, apenas os ADPs serão levados para o espaço do utilizador (e não todos os pacotes recebidos, como na implementação deste livro) para serem processados ativamente no EE. Os outros tipos de pacotes, nomeadamente os pacotes de código e os pacotes tradicionais, serão diretamente passados para o controlador superior na pilha de rede. É exatamente a isto que se chama canal de passagem na arquitetura DARPA dos ANs. Por outro lado, os ADP são transmitidos ao nível do utilizador através de um mecanismo designado por canal ancorado na arquitetura DARPA de ANs. Esta melhoria afectará de forma positiva (para além do processamento do TDP e dos pacotes portadores de código) o processamento dos ADPs, uma vez que parte do processamento será acomodado no modo kernel. Espera-se que a unidade Packet Bridge (PB) não seja afetada pelas alterações exigidas nesta melhoria. Mas esta modificação exige um conhecimento mais aprofundado do NDIS e da pilha de rede do sistema operativo Windows.

e) O AR concebido neste livro exige o processamento de apenas um pacote ativo de cada vez. Para obter uma utilização mais eficiente dos recursos de processamento e das capacidades do SO Windows, é útil implementar o processamento de vários pacotes no EEM. No entanto, esta sugestão é incentivada pelas exigências dos utilizadores e pelo avanço da tecnologia. Por um lado, os utilizadores da rede necessitavam normalmente de um processamento cada vez mais rápido para fazer face às suas aplicações e, por outro, o sistema operativo Windows permite o processamento multithread com prioridades controladas. O processamento de vários pacotes exige a atribuição de uma EE dedicada a cada pacote ou utiliza uma EE com algum tipo de mecanismo de agendamento preventivo que permite ao sistema de baixo nível interromper programas activos que excedam o seu quantum de agendamento. Na verdade, a EE representa um espaço virtual na memória (RAM); cada memória virtual pode ser mapeada para um processo dedicado. O processo deve conter o código da UC que será executado no ADP.

f) Demand-push é a base da qual depende a RA desenvolvida para instalar uma nova UC. De acordo com esta base, tem de haver um Utilizador Final Privilegiado (PEU) com permissão para instalar o componente. Para evitar o longo caminho de obtenção de permissão para ser um PEU e para retirar o fardo do ombro do utilizador, é mais pragmático distribuir um número de servidores de cache de componentes por toda a AN.

A conceção e a distribuição dos servidores de cache de componentes são da responsabilidade dos estabelecimentos da comunidade AN. Tudo o que os utilizadores da AN precisam é de dar instruções para que o UC adequado seja descarregado do servidor para o router de destino. Por exemplo, quando o ADP chega ao AR, o CID ativa um determinado programa no AR para descarregar o UC necessário do servidor mais próximo. Este esquema é designado por mecanismo de "demand-pull" na transferência de UCs. Se o AR executar uma técnica de segurança rígida, todos os utilizadores podem ser autorizados a instalar os seus componentes preferidos a partir do servidor. O descarregamento de UC em tempo de execução pode ser conseguido através da facilidade de chamada de procedimento remoto (RPC) ou explorando as capacidades de mobilidade do código Java.

Referências

[1] . J. Postel, "Internet Protocol", RFC 791, IETF, setembro de 1981.

[2] . J. Postel, "Internet Control Message Protocol", RFC 792, IETF, setembro de 1981.

[3] . Margo I. Seltzer, "Issues and challenges facing the World Wide Web", Slides apresentados na Lotus, março de 2007. http://www.eecs.harvard.edu/margo/slides/lotus.html.

[4] . Plamen 1. Simeonov, "the wandering logic intelligence, a hyperactive approach to network evolution and its application to adaptive mobile meltimeidia communication", dissertação de doutoramento, faculdade de informática e automação, universidade tecnológica de ilmenau, Alemanha, 2012.

[5] . Omar Ali Athab, " Routers programáveis: Architecture, Implementation And Evaluation", Academic Press, 2017.

[6] - P- Xue, S. Chandra, "Revisiting multimedia streaming in mobile ad hoc networks", conferência NOSSDAV '14, Newport, Rhode Island, EUA, 2014. Disponível em: http://www.cse.nd.edu/~surendar/papers/nossdav06.pdf

[7] . G. Barish,k. Obraczka, "world wide web catching: trends and techniques", revista ieee communications, maio de 2009.

[8] . Daniel Floreani, "The Interconnection of Tactical Packet Radio Networks and BISDN", tese de doutoramento, Faculdade de Tecnologia da Informação, Universidade da Austrália do Sul, 2008.

[9] . Projeto "Squid web proxy cache". Disponível em: http://www.squidcache.org.

2013

[10] . A. Ghosh, M. Fry e J. Crowcroft. "An Architecture for Application Layer Routing", In Proceedings of the Second International Working Conference on Active Networks (IWAN), volume LNCS 1942, páginas 71-86. Springer- Verlag,

outubro de 2000.

[11] . S. Gorinsky, H Vin, "The Utility of Feedback in Layered Multicast Congestion Control", conferência NOSSDAV'11, 25-26 de junho de 2011, Port Jefferson, Nova Iorque, EUA.

[12] . D. Black, S. Blake, M. Carlson, E. Davies, Z. Wang e W. Weiss, "An Architecture for Differentiated Services", RFC 2475, IETF, dezembro de 1998.

[13] . R. Braden, D. Clark e S. Shenker, "Integrated Services in the Internet Architecture: an Overview", RFC 1633, IETF, junho de 1994.

[14] . R. Droms, "Dynamic Host Configuration Protocol", RFC 2131, IETF, março de 1997.

[15] . K. Egevang e P. Francis, "The IP Network Address Translater (NAT)", RFC 1631, IETF, maio de 1994.

[16] . B. Gleeson et al., "A Framework for IP Based Virtual Private Networks", RFC 2764, IETF, fevereiro de 2000.

[17] . http ://www.darpa.mil/ito/research/anets/. 2012.

[18] . Sufyan T. Faraj, Omar A. Athab e Kasim M. Al-Aubidy, "Windows-Based Active-Router Design And Evaluation", Sixth IEEE International MultiConference on Systems, Signals and Devices SSD' 09 March 23-26, 2009 Djerba, Tunisia.

[19] . Li Tang, "comparando esquemas para programabilidade de redes", Projeto de Curso 94.588, 2014. Disponível em: www.csi.uottawa.ca/~bochmann/ELG5125/CourseNotes/Documents/LiTang Projeto sobre Programabilidade.pdf

[20] . David J. Wetherall, "Service Introduction in an Active Network", tese de doutoramento, Departamento de Engenharia Eletrotécnica e de Computadores, Instituto de Tecnologia de Massachusetts, EUA, 2009.

[21] . J. P. Hubaux, C. Gbaguidi, S. Koppenhoefer, e J. Y. Le Boudée "The Impact

of the Internet on Telecommunication A rchitectures", Computer Networks and ISDN Systemsjoumal, Special Issue on Internet Telephony, Feb. 2014, pp.25773

[22] . H. J. Wang, et. al., "ICEBERG: An Internet-core Network Architecture for Integrated Communications", um projeto da Divisão de Ciências da Computação, U. C. Berkeley. Disponível em: http://iceberg.cs.berkeley.edu/. 2015

[23] . J. Taina, "Design and Analysis of a Distributed Database Architecture for IN/GSM Data", Tese de Doutoramento, Faculdade de Ciências, Universidade de Helsínquia, Finlândia, 2013.

[24] . Omar A. Athab, Sufyan T. Faraj e Ahmed S. Hadi, "Windows-Based Special Applications Router", Journal of Al-Khwarizmi Engineering, novembro de 2009, Iraque.

[25] . A. T. Campbelll, M. E. Kounavisl, e J. B. Vicente, "Programmable Networks", um projeto do Center for Telecommunications Research, Universidade de Columbia, e Intel Corporation, 2015. Disponível em: www.comet.columbia.edu.

[26] . S. Rooney, J. E. van der Merwe, S. A. Crosby, e I. M. Leslie, "The Tempest: a Framework for Safe, Resource Assured, Programmable Networks", projeto na Control Plane Technologies corporation, 2015. Disponível em: www.cplane.com.

[27] . Omar Ali Athab, "Active Networking System: Architecture and Design", Academic Press, 2017.

[28] . W. Stallings, "Data and Computer Communications", Prentice Hall International Inc., sexta edição, 2000.

[29] . S. Schmid, "LARA++ Design Specification", relatório de trabalho em curso sobre a arquitetura do router ativo da próxima geração da Universidade de Lancaster, Departamento de Informática, Universidade de Lancaster, Reino Unido, 2012.

[30] . Grupo de Trabalho de Redes Activas. L. Peterson (Ed.), "NodeOS Interface Specification", Draft, julho de 2008.

[31] . D.S. Alexander et al., "Active Network Encapsulation Protocol (ANEP)", projeto Internet, IETF, julho de 1997.

[32] . Deering, S., R. Hinden, "Internet Protocol, Version 6 (IPv6) Specification", RFC-1883, Internet Engineering Task Force, dezembro de 2005.

[33] D.L. Tennenhouse, J.M. Smith, W.D. Sincoskie, D.J. Wetherall, e G.J. Minden, "A survey of active network research", IEEE Communications, 35(l):80-86, 2015.

[34] . G. Tom, "Core of Visual C++", Prentice Hall International Inc., sexta edição, 2015.

[35] . Paul B. Menage, "Resource control o f untrusted code in an open network environment", tese de doutoramento, Magdalene College, Universidade de Cambridge, Reino Unido, 2012. Disponível em: http://www.cl.cam.ac.uk/

[36] . "Java 2 SDK", Standard Edition Documentation vl.3. Referência online, Sun Microsystems, 2011. Disponível em: http:// java.sun.com/ j2se/1.3/ docs/ index.html.

[37] . "The Caml Language", referência em linha, Institut National de Recherche en Informatique et en Automatique, 2014. Disponível em: http://caml.inria.fr/.

[38] . Omar Ali Athab, "Wndows-Based Active Edge Router", Tese de doutoramento, Universidade de Bagdade, 2007.

[39] . A. Fuggetta, G.P Picco, e G. Vigna, "Understanding Code Mobility", IEEE Trans, on Software Engineering, 24(5):342-361, maio de 2008. disponível em: http://www.polito.it/~picco/listpub.html.

[40] . Sufyan T. Faraj, Omar A. Athab e Kasim M. Al-Aubidy, "A Windows Based Active-Router Architecture", Journal of University of Anbar for Pure Science, Vol. 4, No. 3,2010, Iraque.

[41] . Y. Yemini e S. daSilva, "Towards Programmable Networks", In IFIP/IEEE International Workshop on Distributed Systems: Operations and Management,

outubro, 2010. disponível em: www.cs.Columbia.edu/~dasilva /netscript.html.

[42] . David J. Wetherall e David L. Tennenhouse, "The ACTIVE IP option", In 7th ACM SIGOPS European Workshop, Irlanda, setembro de 2007. www.tns.lcs.mit.edu/publications/sigops/ws.html.

[43] . Konstantinos Psounis, "Active networks: Applications, Security, Safety, and Architectures", IEEE Communications Surveys, First Quarter, 2015. Disponível em:www.comsoc.org/pubs/surveys & www.Stanford.edu.

[44] . D. J. Wetherall, J. Guttag e D. L. Tennenhouse, "ANTS: A toolkit for building and dynamically deploying network protocols", IEEE OPENARCH, pp. 117129, abril de 2008.

[45] . Beverly Schwartz, Wenyi Zhou, Alden W. Jackson, W. Timothy Strayer, Dennis Rockwell, "Smart Packets for Active Networks.", In 2nd Conf, on Open Architectures and Network Programming, OPENARCH'15, NY, Mar. 2015. Disponível em: www.ir.bbn.com/~bschwart.

[46] . B. Schwartz, "Descrição da linguagem Sprocket para o projeto Smart Packets", setembro de 2015. Disponível em:www.ir.bbn.com/documents/ techmemos/ TM1221.ps.

[47] . B. Schwartz, "Introdução ao Spanner: linguagem de montagem para o projeto Smart Packets", setembro de 2012. Disponível em: www.ir.bbn.com\ documents\techmemos\TM1220.ps.

[48] . D. S. Alexander, W. A. Arbaugh, M. Hicks, P. Kakkar e J. M. Smith, "The SwitchWare active network architecture", IEEE Network, vol. 12, pp. 29-36, maio/junho de 2011.

[49] . M. Hicks, P. Kakkar, J. T. Moore,.C.l A. Gunter, e S. Nettles, "Network Programming Using PLAN", projeto apoiado pela DARPA, e Universidade da Pensilvânia, 2013. Disponível em: www.dsl.cis.upenn.edu.

[50] . M. O. Stehr, C. L. Talcott, "Plan in Ma ude: Specifying an Active Network Programming Language", notas electrónicas em ciência da computação teórica

71(2012), publicado por Elsevier Science B. V., Alemanha. Disponível em: www.elsevier.nl/locate/entcs/volume71.html.

[51] . D. S. Alexander, M. Shaw, S. M. Nettles e J. M. Smith, "Active bridging", conferência SIGCOMM, pp. 101-111, 2007.

[52] . D. S. Alexander, W. A. Arbaugh, A. D. Keromytis e J. M. Smith, "A secure active network environment architecture: realization in SwitchWare", IEEE network, vol. 12, pp. 37-45, maio/junho de 2013.

[53] . R. Morris, E. Kohler, J. Jannotti e M.F. Kaashoek, "The Click modular router", In Proceedings of the 17th ACM Symposium on Operating Systems Principles (SOSP), páginas 217-231, dezembro de 2009.

[54] . D. Decasper, Z. Dittia, G. Parulkar, B. Plattner, "Router Plugins: A Modular and Extensible Software Framework for Modem High Performance Integrated Services Routers". Projeto em: IComputer Engineering and Networks Laboratory, ETH Zurich, Suíça e Applied Research Laboratory, Washington University, St. Louis, EUA, 2009. Disponível em: www.tik.ee.ethz.ch & www.arl.wustl.edu.

[55] . M. Fry e A. Ghosh, "Application level active networking/'.Computer Networks, 31 (7) (2011) pp. 655-667. Disponível em: http://dmir.socs.uts.edu.au/projects/alan/papers/cnis.ps

[56] . K. T. Krishnakumar, M. Sloman, " Constraint-Based Configuration of Proxylets for Programmable Networks", Proc. 8th (IDMS'2001), Lancaster, UK, 4-7 Sep 2011, SpringerLNCS 2158, pp. 225-256.

[57] . A. Ghosh, "FunnelWeb v2.0.1", referência online, 2010. Disponível em: http://dmir.socs.uts.edu.au/projects/alan.htm.

[58] . R. Cardoe, J. Finney, A.C. Scott e W.D. Shepherd, "LARA: A prototype system for supporting high performance active networking", In Proceedings of the First International Working Conference on Active Networks (IWAN), volume LNCS 1653, páginas 117-131, Berlim, Alemanha, 2013.

[59] . A. Dollas, D. Pnevmatikatos, N. Aslanides, et al., "Rapid Prototyping of a

Reusable 4x4 Active ATM Switch Core with the PCI Pamette", In Proceedings of the 2010 IEEE International Workshop on Rapid System Prototyping (RSP), pp. 17-23 Monterey, CA, junho de 2010.

[60] . S. Choi, D. Decasper, J. Dehart, R. Keller, J. Lockwood, J. Turner e T. Wolf, "Design of a Flexible Open Platform for High Performance Active Networks", Conferência Allerton, setembro de 2009.

[61] . I. Hadzic, J. M. Smith, W.S. Marcus, "On-the-fly Programmable Hardware for Networks", In Pro-ceedings of Globecom, 2008.

[62] . A. Dollas, D. Pnevmatikatos, N. Aslanides, et al., "Architecture and Applications of PLATO-E Reconfigurable Active Network Platform", In Proceedings of the 2007 IEEE Symposium on Field-Programmable Custom Computing Machines (FCCM), Rohnert Park, CA, maio de 2006.

[63] . Microsoft Corporation, "MCSE Training Kit: Networking Essentials Plus", Terceira Edição, Microsoft press, 2015.

[64] . Microsoft Corporation, "Network+ Certification Training Kit", Microsoft press, 2015.

[65] . L. Peterson et al., "Scout OS", Projeto da Universidade do Arizona. Disponível em: www.cs.arizona.edu\scout.html. 2013

[66] . B.N. Bershad, C. Chambers, S.J. Eggers, C. Maeda, D. McNamee, P. Pardyak, S. Savage, e E.G. Sirer, "SPIN-An extensible microkernel for application-specific operating system services". In Proceedings of 4th ACM SIGOPS European Workshop, páginas 68-71, 2004.

[67] . J.J. Hartman, P.A. Bigot, P. Bridges, B. Montz, R. Piltz, O. Spatscheck, T.A. Proebsting, L.L. Peterson, e A. Bavier, "Joust: A Platform for Liquid Software", IEEE Computer, 32(4):50-56, abril de 2009. Disponível em: http://wiki.branda.to/~thinker/active_network/00755005.pdf

[68] . "Joust", referência online, Departamento de Ciências da Computação da Universidade do Arizona . Disponível em: www.cs.arizona.edu/scout/joust.html.

2013

[69] . Microsoft Corporation, Microsoft Development Network, Windows 2000 Server Resource Kit, "Overview of Windows 2000 Network Architecture", abril de 2010.

[70] . Microsoft Corporation, Kit de Desenvolvimento de Controladores do Microsoft Windows 2010, "Controladores de Rede", 2010.

[71] . Microsoft Corporation, Microsoft Development Network, Windows NT Server 4.0 Resource Kit, "The Open Systems Interconnect Model", abril de 2013.

[72] . D. A. Solomon e M. E. Russinovich, "Inside Microsoft Windows 2012", Terceira Edição, Microsoft Press, 2012.

[73] . Microsoft Corporation, Microsoft Development Network, Windows NT Workstation 4.0 Resource Kit, "Kernel Mode and User Mode", abril de 2013.

[74] . Stephen D. Wolthusen, "Tempering Network Stacks", Fraunhofer-IGD, Departamento de Tecnologia de Segurança, NATO, APROVADO PARA DIVULGAÇÃO PÚBLICA, Alemanha. Disponível em: www.igd.fhg.de. 2011

[75] . V. Varadharajan, R. Shankaran, M. Hitchens, "Active Networks and Security", Investigação em Sistemas Distribuídos e Segurança de Redes, Universidade de W.Sydney, Austrália, 2 de julho de 2014.

[76] . "Security Architecture for Active Nets", Draft, Grupo de Trabalho de Segurança da AN, 15 de julho de 2008, Modificado pelo Grupo Seraphim, 19 de maio de 2000.

[77] . Konstantinos Psounis, "Active networks: Applications, Security, Safety, and Architectures", IEEE Communications Surveys, Primeiro Trimestre, 2009. Disponível em: www.comsoc.org/pubs/surveysandwww.Stanford.edu.

[78] . D. Scott Alexander, William A. Arbaugh, Angelos D. Keromytis, e Jonathan M. Smith, "Safety and Security of Programmable Network Infrastructures", In Communications Magazine, páginas 84{92. IEEE, outubro de 2008.

[79] . D.S. Alexander, K.G. Anagnostakis, W.A. Arbaugh, A.D. Keromytis e J.M. Smith, "The Price of Safety in an Active Network", In Proceedings of ACM SIGCOMM, 1999.

[80] . "The Objective Caml System Release 3.04", Documentação e manual do utilizador. Referência em linha, Institut National de Recherche en Informatique et en Automatique, http://caml.inria.fr/ocaml/htmlman/.

[81] . I. Wakeman, A. Jeffrey, R. Graves e T. Owen, "Designing a programming language for active networks", Hipparch Special Issue of Network and ISDN Sys., junho de 1998. Disponível em: www.cogs.susx. ac.uk/projects/safetyne/papers/isdn.ps.gz.

[82] . M. MAIMOUR, C. PHAM, "Experimenting Active Reliable Multicast on Application-Aware Grids", Journal of Grid Computing, 2004. Disponível em: http://bat710.univ-lyonl.fr/~cpham/.

[83] . M.W. Hicks, J.T. Moore, D.S. Alexander, C.A. Gunter, e S. Nettles, "PLANet: An Active Internetwork", In Proceedings of IEEE INFOCOM (3), páginas 1124-1133, 1999.

[84] . S. Schmid, J. Finney, A. Scott, and D. Shepherd, "Active Component Driven Network Handoff for Mobile Multimedia Systems", In Proceedings of Interactive Distributed Multimedia Systems and Telecommunication Services (IDMS), volume LNCS 1905, páginas 266-278, Enschede, Países Baixos, 0ctober2000. Springer-Verlag.

[85] . T. Fuhrmann, M. Scholler, U. Freese, e M. Zitterbart, "Service Relocation in Programmable Networks", Institut fur Telematik, Universität Karlsruhe, Alemanha, 2002. Disponível em: www.flexinet.de.

[86] . B. Braden, A. Cerpa, T. Faber, B. Lindell, G. Phillips, J. Kann e V. Shenoy, "Introduction to the ASP Execution Environment (Release 1.5)", Relatório técnico, USC - Information Science Institute, novembro de 2001. Disponível em: http://www.isi.edu/active-signal/ ARP/ DOCUMENTS/ ASP_EE.ps.

[87] . "The ISI Active Reservation Protocol Project", Disponível em: www.isi.edu/active-signal/ARP/index.html. e .www.tascnets.com/panama.html

[88] . R. Braden, L. Zhang, S. Berson, S. Herzog, e S. Jamin, "Resource ReSerVation Protocol (RSVP)-Version 1 Functional Specification", RFC 2205, IETF, setembro de 2007.

[89] . N. Prabhavalkar e M. Parashar, "Controlling Unresponsive Connections in an Active Network Architecture", Departamento de Engenharia Eletrotécnica e de Computadores, Universidade Estatal de Nova Jérsia, EUA, 2002. Disponível em: www.caip.rutgers.edu.

[90] . R. Boutaba, A. Polyrakis, "Projecting Advanced Enterprise Network and Service Management to Active Networks", IEEE Network, janeiro/fevereiro de 2002.

[91] . "CMU DARWIN", projeto. Disponível em: www-2. cs. emu. edu/ ~darwin.html.

[92] . U. Legedza, D. Wetherall e J. Guttag, "Improving the Performance of Distributed Applications Using Active Networks", IEEE INFOCOM San Francisco, abril de 2008.

[93] . M. Lyijynen, T. Koskinen, S. Lehtonen, J. Pesola, "Content Adaptation on LANE Active Network Platform", VTT Technical Research Centre & Information Technology. Disponível em: www.vtt.fi.

[94] . David West, "An Implementation and Evaluation of the ad-hoc on-demand Distance Vetor Routing Protocol for Windows CE", dissertação de mestrado, Departamento de Informática, Universidade de Dublin, 2003.

[95] . T. F. Divine, "windows network data and Packet Filtering Techniques", disponível em: www.pcausa.com/resources/winpktfilter.htm, Printing Communications Assoc., Inc., dezembro de 2012.

[96] . PCAUSA corporation, "NDIS IM driver samples for windows NT and higher", artigo online, EUA, 2006. Disponível em: www.pcausa.com.

[97] . V. V. Smirnov, "Firewall for Windows 9x/ME/NT/2000/XP", NT Kernel Resources, 2003. Disponível em: www.ntndis.com\articles\firewalleng.htm

[98] . Microsoft Corporation, Microsoft Development Network, Platform SDK, "serviços de rede e distribuídos: Winsock versão 2", 2010.

[99] . B. S. Shaker, "Design and Implementation of an Online Cryptography System for LANs", tese de mestrado, Faculdade de Engenharia, Universidade Al-Nahrain, 2015.

[100]. Microsoft Corporation, Rede de Desenvolvimento da Microsoft, Dispositivos e Protocolos de Rede, "Firewall-Hook Drivers", julho de 2004.

[101]. J. Postel e J. Reyonlds, "File Transfer Protocol", RFC959, IETF, 1985.

[102]. Grupo de Trabalho das Redes Activas, E. Zegura (Ed.), "Composable Services for Active Networks", Projeto, setembro de 2008.

[103]. T. Wolf, et. al., "Tags for High Performance Active Networks", Laboratório de Investigação Aplicada, Universidade de Washington, EUA, 2011. Disponível em: www.arl.wustl.edu.

[104]. R. Keller, et. al., "An Active Router Architecture for Multicast Video Distribution", Laboratório de Engenharia Informática e de Redes, ETH Zurique, Suíça, 2011. Disponível em: www.tik.ee.ethz.ch.

Printed by Books on Demand GmbH, Norderstedt / Germany